VIE

DE

Mgr J.-B.-M.-SCIPION DE RUFFO-BONNEVAL

ÉVÊQUE DE SENEZ

TIRÉ A

300 exemplaires sur papier vélin

25 sur papier hollande

L'ÉPISCOPAT PROVENÇAL AU XVIIIe SIÈCLE

VIE

DE

Mgr J.-B.-M.-SCIPION

DE RUFFO-BONNEVAL

ÉVÊQUE DE SENEZ

(1747-1837)

PAR LE R. P. DOM THÉOPHILE BÉRENGIER

O. S. B.

Justus in angustia liberatus est
Prov. II, 8.

Si Dieu veut éprouver les siens, le XVIIIe siècle aura ses martyrs comme le premier.
Paroles de Mgr de Ruffo-Bonneval devant le tribunal révolutionnaire.

MARSEILLE
IMPRIMERIE MARSEILLAISE
39, Rue Sainte, 39

1885

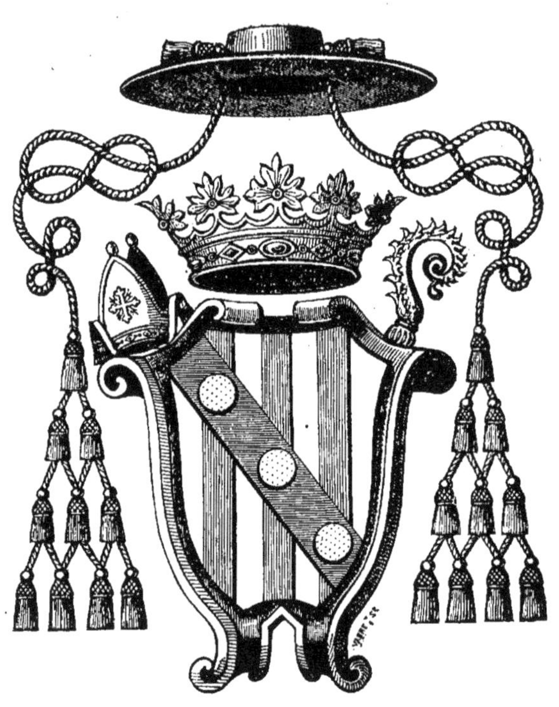

A LA MÉMOIRE

DE MESSIRE

EDMOND-PIERRE-VINCENT DE PAUL

COMTE DE RUFFO-BONNEVAL,

MARQUIS DE LA FARE,

DES COMTES DE SINOPOLI DE CALABRE,

NÉ A MARSEILLE LE 19 JUILLET 1807

DÉCÉDÉ A BRUGES LE 30 JUIN 1881

A MADAME LA MARQUISE DOUAIRIÈRE

DE RUFFO-BONNEVAL DE LA FARE

A MESSIEURS

LE MARQUIS GABRIEL DE RUFFO-BONNEVAL DE LA FARE

LE COMTE SIXTE DE RUFFO-BONNEVAL DE LA FARE

LE VICOMTE PAUL DE RUFFO-BONNEVAL DE LA FARE

A MADEMOISELLE

MARIE DE RUFFO-BONNEVAL DE LA FARE

A MADAME

CLAIRE COPPIETERS, NÉE DE RUFFO-BONNEVAL DE LA FARE

NOUS DÉDIONS CE LIVRE

EN TÉMOIGNAGE DE NOTRE PROFONDE VÉNÉRATION

POUR LE COURAGEUX PRÉLAT,

LEUR PARENT,

QUI FUT, A LA FIN DU XVIIIe SIÈCLE,

UN CONFESSEUR DE LA FOI.

AVANT-PROPOS

La confiance d'une noble famille de Marseille nous a permis, en nous ouvrant ses archives, de faire connaître les vertus, les épreuves et la sainte vie d'un admirable pontife, qui a illustré, au siècle dernier, l'une des plus petites Eglises de notre vieille Provence. Nous croyons que ce simple récit de l'existence si tourmentée d'un véritable *Confesseur de la foi* sera pour tous un enseignement utile et un exemple salutaire dans le temps où nous vivons, au moment même où la sourde oppression qui pèse, depuis quelques années, sur le clergé de France et sur les simples fidèles peut devenir subitement une persécution violente.

D. TH. B. O. S. B.

Notre-Dame in Montana, *à Saint-Barnabé, près Marseille,*
Septembre 1885.

Sanici Præsul spectatur nomine Ruffus
Vita cui Christus, sorsque catena fuit.
Propterea vere dignus qui a Præsule Summo
DONATUS CUMULO LAUDIS UBIQUE FORET (1).

(1) Ce dernier vers reproduit les expressions mêmes du bref d'éloge adressé par Pie VI à Mgr de Ruffo-Bonneval, et qui a inspiré ces distiques à un curé de Senez.

VIE

DE

Mgr J.-B.-M.-SCIPION DE RUFFO-BONNEVAL

ÉVÊQUE DE SENEZ

(1747-1837)

La famille des Ruffo, comtes de Sinopoli et de Catanzaro, marquis de Cotrone, seigneurs de plusieurs villes, bourgs et villages en l'Italie du Sud, et alliée à la maison royale de Durazzo, fut, dit César Nostradamus, une des plus puissantes de la Calabre et ensuite de la Provence. Le comte Godefroy de Montgrand, leur parent, ajoute dans son *Histoire généalogique de la Maison Ruffo* (1), que l'origine de cette famille se perd dans *la nuit des temps*. L'expression est un peu emphatique ; mais elle exprime avec fidélité ce que la tradition, un des grands éléments de l'histoire, nous dit de la race des Ruffo, qu'elle fait remonter à Spurius Lucretius Tripitanus, consul de Rome après la chute de Tarquin le Superbe, et par lui aux Scipion de l'ancienne Rome. En 1861, on a retrouvé dans les rues de Pompéï la maison d'un Cornelius Rufus, avec son buste parfaitement conservé.

Cette haute prétention, appuyée d'ailleurs sur les témoignages de graves historiens, n'est pas, après tout,

(1) Ce grand ouvrage, où l'on trouve tout ce qui concerne de près ou de loin la maison Ruffo, contient six portraits, cinq tableaux de généalogie, des sceaux très finement dessinés, trente-huit armoiries des plus anciennes familles de Provence et une magnifique chromolithographie des armes des Ruffo. Gr. in 8° de 548 p. Marseille, 1880, Cayer, impr.

ou Carolin, qui mourut assez jeune (1). Nous parlerons plus longuement de ses frères à la fin de cette biographie.

Le jeune Scipion fit ses premières études au collège des Jésuites d'Aix. Sa piété était déjà très vive. Aussi personne ne fut étonné dans sa famille de le voir suivre l'exemple de son frère Sixte et prendre lui aussi le Seigneur pour la part de son héritage (2). « Dès sa jeunesse, dit l'auteur de son *Eloge funèbre,* il s'était fait une habitude d'une vie simple et frugale (3). » Ne semble-t-il pas que la Providence le disposait ainsi à la vie de privations qu'il devait mener en exil, pendant près d'un demi-siècle, après quelques courtes années d'une prospérité éphémère !

Scipion ayant terminé ses études scolaires et manifestant toujours plus le désir d'embrasser l'état ecclésiastique, fut envoyé par son père à Paris pour faire sa philosophie et suivre ses cours de théologie. « Il entra dans la maison de Navarre et passa sa licence; mais rien ne constate qu'il ait pris le bonnet de docteur. Peut-être aussi ne soutint-il pas sa *Résompte*, et c'est pour ce motif que son nom n'est point porté sur la liste des docteurs de la Faculté de théologie de Paris (4). » Ordonné prêtre en 1776 le jeune gentilhomme retourna définitivement en Provence. Il avait alors 27 ans. La ville d'Aix le vit se livrer avec zèle à l'évangélisation des pauvres. Secondé par le pieux abbé de Miollis, son compatriote, il réunissait les mendiants à l'hospice de la Charité, les catéchisait et les disposait à remplir leurs devoirs religieux. Mais il fut bientôt arraché à cet humble et charitable ministère.

(1) Ce jeune frère nous est connu par deux lettres autographes de Mgr de Ruffo du 6 février 1814 et du 15 juin 1820 — Archives de la famille de Ruffo.

(2) *Psalm.* , 5.

(3) Il fut prononcé à Senez, en 1837, par M. Allemand, curé de cette ville. — In-8°, Dijon, Guichard, p. 4.

(4) La *France pontificale*, p. 288. Pourtant le *Diaro di Roma* du 28 mars 1837 dit qu'il remporta *les prix de la Sorbonne*.

Mgr de Beauvais, l'éloquent évêque de Senez (1), avait connu à Paris l'abbé de Bonneval, et il résolut de s'attacher aussitôt qu'il le pourrait ce pieux ecclésiastique, appartenant à l'une des premières familles de la Provence et qui venait ordinairement passer ses vacances dans le pays de Senez, où il avait des amis (2). Il lui donna donc des lettres de grand vicaire et l'appela à le seconder dans l'administration de ce petit diocèse, sans soupçonner qu'il se préparait ainsi un digne successeur dans l'Eglise de Senez.

« L'abbé de Bonneval, dit son panégyriste, était très bon prêtre. Il se montrait tel partout, à l'église, chez lui et dans les maisons où il paraissait. Son nom était répété par toutes les bouches et ceux qui connaissaient son mérite, souhaitaient qu'il devînt évêque. Les pauvres, qui sont les amis de Jésus-Christ, étaient aussi les siens, et quelque soin qu'il mît à cacher ses bonnes œuvres, plus d'une fois la vérité trahit sa modestie (3). »

Après quelques années d'un ministère actif et fructueux dans la haute Provence, le jeune vicaire général eut la joie de voir son propre frère l'abbé Sixte de Ruffo-Bonneval succéder, en 1783, à Mgr de Beauvais sur le siège de Senez ; mais ce pieux ecclésiastique, soit pour raison de santé, soit par modestie, refusa l'honneur que lui faisait le roi Louis XVI, et ce refus porta messire Scipion à rentrer dans son diocèse d'origine. Le siège métropolitain d'Aix était alors occupé par Mgr Raymond de Boisgelin, qui fut heureux de ce retour et le fit élire, dans cette même année 1783, chanoine de la cathédrale de Saint-Sauveur. Il ne tarda pas non plus à le faire entrer dans l'administration diocésaine par le titre de grand vicaire. Ce fut pour l'abbé de Bonneval une heureuse occasion de se former auprès de cet éminent prélat au maniement des grandes affaires civiles et religieuses. En effet, Mgr de

(1 Voir la *Notice sur Mgr de Beauvais*, de l'abbé Rosne.

(2) *Eloge funèbre*, p. 5.

(3) *Eloge funèbre*, p. 4.

Boisgelin joignait aux qualités de l'homme d'état le zèle pastoral le plus pur et l'intelligence d'un très habile administrateur.

Dans les quatre années qu'il passa dans sa ville natale, l'abbé de Ruffo-Bonneval prit une part active au gouvernement du diocèse d'Aix. Il y montra son zèle et son entente des affaires les plus épineuses. Aussi nul ne fut étonné dans la capitale de la Provence lorsqu'il reçut sa nomination à l'évêché de Senez par brevet royal du 25 décembre 1788. Le pape Pie VI le préconisa le 15 décembre de la même année. Mgr de Boisgelin avait beaucoup contribué à cette heureuse nomination, comme l'abbé de Ruffo-Bonneval nous l'apprend dans une de ses lettres : « Je n'ai pas tant dû mon évêché à la renonciation de mon frère qu'à M. de Boisgelin, qui a voulu me mettre à sa place (1). »

Il fut sacré à Paris le 22 février 1789 par Mgr de Beauvais, qui voulut donner cette preuve d'affection à son ancien vicaire général. Il succédait à Mgr Jean de Castellane-Adhémar, qui n'avait pas gouverné le diocèse de Senez plus de quatre années et qui, comme lui, était auparavant grand vicaire de Mgr de Beauvais.

II

La petite Eglise de Senez que Mgr de Ruffo accepta pour son épouse et à laquelle il devait demeurer toujours si fidèle ne peut, suivant les historiens les plus autorisés (2), faire remonter son origine bien au-delà du IVe siècle ; mais la ville de Senez (*Urbs Senetium* ou *Sanitio*) paraît beaucoup plus ancienne, car la *Notice* de l'empire la désigne déjà sous le nom de *Civitas Senecensium* (3). « Elle

(1) Lettre autographe du 15 juin 1820 (Archives de la famille de Ruffo.)

(2) *Gallia Christiana*, T. III.

(3) Quoique le climat de Senez soit froid et humide, son territoire rude et stérile, la santé s'y conserve bien et longtemps ; aussi dit-on, dans le pays, que *Sanitium* vient de *Sanitas* et *Senitium* du verbe *senescere* vieillir.

fut, assure l'abbé Féraud, une des premières bâties dans la haute Provence par les Gaulois chassés du littoral de la mer. Le vallon où elle est située ne laissait pas que de présenter des agréments et des ressources avant le défrichement des montagnes et avant que les inondations de la rivière d'Asse l'eussent entièrement dégradé. Les Romains jugèrent ce lieu digne d'être placé à la tête d'un diocèse ou district, composé de plusieurs bourgs ou villages soumis à sa juridiction (1).»

Son premier évêque, Ursus, fut consacré par Procule, évêque de Marseille, en vertu du privilège de métropolitain qu'un concile de Turin de 397 lui avait accordé au préjudice de l'évêque d'Arles et qui lui attira les objurgations du pape Zozime. Parmi les 47 pontifes que le *Gallia Christiana* énumère avant d'arriver à notre prélat, nous n'en voyons aucun décoré de l'auréole de sainteté ; et le plus illustre d'entre eux, le cardidal Nicolas de Fiesque, archevêque de Gênes, eut seulement l'administration du diocèse de Senez durant cinq années. On peut y ajouter pourtant le nom de Jean Clausse, qui assista au concile de Trente et celui de Mgr de Beauvais, qui fut une des célébrités de la chaire chrétienne au XVIIIe siècle. Il était réservé à Mgr de Ruffo-Bonneval de jeter un dernier rayon de gloire sur cette pauvre Eglise par ses vertus pastorales et surtout par sa confession hardie de la foi catholique devant les tribunaux révolutionnaires.

« La ville de Senez, raconte Millin, est noire, triste et ne renferme aucune curiosité. Le climat y est tempéré en été, mais humide en hiver. La plupart des habitants descendent alors dans la basse Provence pour y faire paître leurs troupeaux ; aussi presque toute la contrée est à peu près déserte pendant cette saison (2).» On conçoit que le séjour habituel dans une cité si peu agréable ait paru pénible aux évêques de Senez, qui trouvaient d'ailleurs bien peu de

(1) *Histoire géographique et statistique du département des Basses-Alpes*, in-8°, 1861.

(2) *Voyage dans les départements du Midi*, T. II, 58.

ressources dans l'exiguïté de leur modeste diocèse; aussi maintes fois fut-il question de réunir cet évêché à un autre siège. Un moment même, Eugène II, par sa bulle du 16 janvier 1432, l'unit à celui de Vence; mais cet état de choses ne dura pas longtemps. Les évêques de Senez ne pouvant s'agrandir par l'annexion d'une autre Eglise, cherchèrent du moins à se procurer un séjour plus commode et résidèrent à Castellane, qui est dans une position plus riante. Jean Clausse y fit bâtir une maison épiscopale, et Mgr de Villeserin obtint même de Louis XIV des lettres patentes pour la translation du siège épiscopal dans cette cité, mais la Cour de Rome refusa son consentement. Quoiqu'il en soit, les derniers Pontifes de Senez résidèrent à Castellane jusqu'à la Révolution.

Ce pauvre diocèse n'avait presque pas de maisons religieuses. La puissante abbaye de Saint-Victor possédait un prieuré près de Castellane et l'illustre abbaye de Lérins celui de Vergons. Dans la ville même de Senez, l'histoire n'a conservé le souvenir que d'une maison de Templiers, dont les hautes murailles se dressaient sur un rocher qui domine Senez. Les évêques de cette petite cité n'en avaient pas même la juridiction entière; ils la partageaient avec leur chapitre et avec le comte de Carcès. Le chapitre était régulier et professait la règle de saint Augustin. Il ne fut sécularisé qu'assez tard, par la bulle d'Innocent X, du 4 février 1647. Les dignités étaient : le prévôt, l'archidiacre, le sacristain et le camérier; puis seulement quatre chanoines. Il n'y avait point de bénéficiers, mais simplement un curé, aidé de trois vicaires. Enfin, pour le chœur, quatre clercs, avec un maître de musique. C'était, on le voit, un des plus pauvres chapitres de France.

La cathédrale, construite en 1130 et consacrée en 1142, fut dédiée sous le vocable de l'Assomption de la Très-Sainte Vierge. « C'est, dit l'abbé Féraud, un vaste édifice, construit en pierres de taille et en forme de croix. Outre son élégante simplicité, on y admire la délicatesse de la coquille du sanctuaire et celle des chapelles latérales. Le style roman, mêlé au gothique, y domine (1). » Enfin, le diocèse de Senez comprenait 32 paroisses et 30 succursales.

Sa position, presque aux frontières de France, l'exposa bien souvent aux invasions des ennemis. Au IXe siècle, les Sarrazins saccagèrent Senez. « Les habitants, rapporte l'abbé Féraud, s'établirent alors sur un monticule voisin, appelé La Roche, sous la protection d'un château-fort. Dans la suite, Senez s'étant repeuplé, une partie de la population se fixa dans la plaine, et la commune de Senez était, en l'an 1200, divisée en deux fractions : le château vieux, *Castrum vetus*, et la ville, *Castrum de Senecio*. Le chapitre cathédral vint s'établir dans cette dernière, auprès de la grande église, qui fut depuis lors l'église épiscopale (2). »

Au XIVe siècle, les bandes du terrible vicomte de Turenne renouvelèrent les dévastations des Musulmans ; sous Charles-Quint, les Impériaux ravagèrent tout le pays ; après eux, les Calvinistes mirent encore tout à feu et à sang dans cette malheureuse contrée où Mgr de Ruffo-Bonneval allait, en peu d'années seulement, faire bénir son nom par ses humbles et pieux diocésains.

III

Le nouveau Pontife se fit annoncer à ses ouailles par une Lettre pastorale fort touchante, et le 4 avril 1789, qui était le dimanche des Rameaux, il fit son entrée solennelle dans sa ville épiscopale. On peut dire qu'il était lui aussi à la veille de sa passion, et nous verrons ces cris de joie et les hommages qui l'accueillirent à son arrivée à Senez, suivis de bien près par les clameurs de la haine furieuse des révolutionnaires et les persécutions des gouvernants d'alors.

Le premier soin du nouvel évêque fut de choisir un vicaire général habile, pieux et zélé pour le bien des âmes.

(1) *Histoire du département des Basses-Alpes.*
(2) *Ibidem.*

Il trouva ces qualités réunies dans la personne de messire Charles de Richery (1), chanoine de Saint-Sauveur d'Aix, qui appartenait à l'une des plus nobles familles du diocèse de Senez et dont la ferveur était si grande, qu'il avait voulu se donner à Dieu dans le monastère de la Trappe. La faiblesse de sa santé l'avait seule empêché d'aller y finir ses jours.

Mgr de Ruffo-Bonneval donna aussi, le 11 Juillet 1789, des lettres de grand vicaire à son ami, le pieux abbé de Miollis, qu'il avait eu pour compagnon de ses travaux apostoliques dans la ville d'Aix ; mais ce ne fut qu'une distinction honorifique, car il ne paraît pas que le futur évêque de Digne soit venu à Senez aider notre prélat dans ses fonctions épiscopales.

Cependant la révolution marchait à grands pas. Le 12 juillet 1790 la constitution civile du clergé supprima le petit évêché de Senez pour le réunir à l'évêché des Basses-Alpes, créé schismatiquement par l'Assemblée nationale et dont le siège était à Digne. Mgr de Ruffo-Bonneval n'avait plus de serment à prêter, puisque son siège n'était plus civilement reconnu ; mais il ne se regarda point pour cela comme dépouillé de sa juridiction. Une lettre de lui à Mgr Mouchet de Villedieu, évêque de Digne, sous la date du 13 août 1790, montre qu'elle était la fermeté de ses principes (2). Peu après, les administrateurs du département signifièrent à notre courageux prélat qu'il était suspendu de ses fonctions sans autre forme de procès. Voici son énergique réponse datée du 10 décembre 1790 :

« Vous m'ordonnés, Messieurs, de quitter mon diocèse et d'abjurer mes fonctions ; le pouvés-vous ? Chassé de cette ville, je passerai dans une autre de mon territoire, selon le précepte de l'Evangile, et dans toutes je serai ce

(1) Il était fils du seigneur d'Allons, près de Castellane. Il fit son éducation chez les Oratoriens et sa théologie au séminaire de Saint-Sulpice. Sous la Restauration, l'abbé de Richery devint évêque de Fréjus, puis archevêque d'Aix.

(2) *La France pontificale*, Senez, p. 289.

que j'ai été, envoyé d'En haut, l'ambassadeur et l'apôtre de Jésus-Christ. Le Père de famille m'a donné son champ et sa vigne à cultiver.... Je suis uni à cette Eglise de Senez à titre d'époux, de père et de pontife ; elle est à moi sans partage ; je la réclame sans division, *non dividatur*. Ainsi se montra la véritable mère devant Salomon ...... Mes intentions sont pures, Messieurs ; ma foi ne me trompe pas ; je plaide une belle cause ; non, je le proteste, un vil intérêt ne souille point mon âme et la vengeance n'est pas plus dans mon cœur que dans mes mains.... Mais qu'on ne m'oblige pas, sans cause et sans délit prouvé, à renoncer à mon état. On ne l'obtiendra jamais de moi ; qu'on ne m'oblige pas à trahir mon ministère ; ma tête est aux hommes, mon âme n'est qu'à Dieu (1). »

Mgr de Ruffo-Bonneval fit parvenir cette énergique protestation à tous les curés de son diocèse, en leur disant : « J'ai répondu, Messieurs, en mon âme et conscience, à MM. les Administrateurs du département des Basses-Alpes, qu'il m'étoit impossible de reconnoître les ordres qu'ils m'ont donné de cesser mes fonctions épiscopales ; je me crois obligé de vous en faire part dans ces conjonctures fâcheuses, où plus que jamais le premier pasteur doit être la forme de tout le troupeau... (2) » Il leur parle ensuite, dans un très beau langage, de la fidélité qu'ils doivent à leur évêque, comme lui-même la doit au Souverain Pontife.

Peu après, il apprit qu'un malheureux prêtre, trop imbu des idées nouvelles, M. Romée de Villeneuve, curé de Valensole, s'était laissé nommer évêque du département des Basses-Alpes, dont la nouvelle circonscription comprenait le diocèse de Sénez. « Cet ecclésiastique, lit-on dans la *Biographie des hommes remarquables des Basses-Alpes*, était un homme d'une capacité plus qu'ordinaire,

(1) Nous devons communication de cette pièce importante et de plusieurs autres que nous citerons à M. le Ch. Gibert, curé de Senez, et à M. l'abbé Collomp, curé de Saint-Jacques, près Barème, qui les conservent comme des reliques de notre pieux prélat.

(2) *Lettre de Mgr l'Evêque de Senez à Messieurs les curés de son diocèse*, in-18 de 10 p.

simple de mœurs et de langage, mais non exempt d'ambition. Il dédaigna les conseils de ses amis, résista à toutes les sollicitations de sa noble famille et accepta la dignité épiscopale. Romée de Villeneuve ne comprit pas tout ce qu'avait de criminel une élection, faite contre toutes les règles canoniques, et une nomination à un siège dont le titulaire était seul légitime possesseur. La lettre pastorale qu'il publia à cette occasion est un tissu de contradictions et d'erreurs (1). »

L'évêque de Senez eut soin de l'éclairer en lui envoyant la protestation au véritable évêque de Digne et lui écrivit une lettre où l'on trouve toute l'énergie de son caractère et l'ardeur de sa foi : « Non, Monsieur, lui disait-il, non, encore une fois, et toujours non, je ne donnerai jamais une démission qui exposerait le salut des âmes qui me sont confiées. Ah ! plutôt pour moi mille morts, qu'aucune périsse par ma faute ! Je déclare aussi que rien autre que ma signature ne peut être regardé comme un acte interprétatif de ma démission. Il n'y a que l'autorité de l'Eglise, dont je me fais gloire d'être l'enfant le plus soumis, qui puisse m'ôter ceux qu'elle m'a donnés pour les transporter à un autre. Et quoiqu'elle ne pût me destituer que pour crime et par jugement, je serai le premier à m'offrir en victime de pacification entre elle et ses ennemis. Une conduite différente dans un évêque serait celle d'un déserteur et d'un apostat (2). »

Il montrait ensuite au pauvre curé de Valensole que la réprobation de tous les vrais catholiques, de tous les gens de bien le poursuivrait, s'il préférait un honneur passager et tout d'emprunt à la paix de sa conscience et à son salut éternel. La conclusion du prélat dépossédé est tout à fait

(1) Elle fut réfutée par une brochure qui a pour titre : *Réponse à un écrit intitulé : Lettre pastorale de Mgr l'évêque du département des Basses-Alpes par un prêtre en communion avec MM. les évêques de Digne, Riez, Senez, Sisteron, Glandevès, etc.*

(2) Lettre du 21 Mars 1791 (in-12 de 6 p.) On voit que, dès cette époque, notre prélat était disposé à donner la démission de son siège pour le bien de la paix et en obéissant au pape. Nous aurons occasion de nous en souvenir.

pathétique : « Ah, Monsieur, pourrois-je refuser de marcher dans la belle carrière qui s'ouvre devant moi ! Qu'il m'est glorieux, en débutant, de pouvoir, comme saint Paul, montrer les signes de mon apostolat dans les croix et les combats ! Evêque depuis deux ans, sans bouger de place et toujours souffrant, dans une terre étrangère à ma santé, à mes proches, à mes amis et à tous les agréments de la vie, je gagnerois de toutes les manières à la retraite qui m'est offerte, si je raisonnois humainement ; mais la religion qui m'anime est plus forte que la nature qui souffre, et ses consolations comme ses promesses sont pour moi au-dessus de toute jouissance (1). »

Ces sages avertissements, ces sentiments de foi catholique, exprimés avec une éloquence qui venait du cœur, ne produisirent aucun effet sur Romée de Villeneuve. Le curé de Valensole habita le palais épiscopal de Digne depuis 1791 jusque vers la fin de 1793, remplit les fonctions épiscopales et fit même la visite du diocèse. L'éloignement que sa présence inspirait aux fidèles éclairés, le petit nombre de prêtres intrus dans les paroisses, les réflexions amères que de simples paysans lui adressèrent plusieurs fois, tout fut inutile. Il persista à conserver un vain titre, rapporte la biographie déjà citée, jusqu'à son remplacement par M. André Champsaud, élu comme lui en 1789. M. de Villeneuve passa les dernières années de sa vie à Valensole dans l'isolement et la retraite. Heureux si ouvrant les yeux à la lumière, il eût abjuré ses erreurs et réparé le scandale de son ambition par une soumission pleine et entière aux décisions du Saint-Siège (2).

Cependant Mgr de Ruffo-Bonneval, loin de céder à l'orage révolutionnaire, affirmait toujours plus courageusement ses droits de pasteur légitime en publiant, le 1er mars 1791, son mandement de carême, sans tenir compte de la nouvelle circonscription diocésaine imposée à la France par l'Assemblée nationale. Dans cette lettre pastorale, il assure

(1) Lettre du 21 Mars 1791 (in-12 de 6 p.).
(2) *Biographie des hommes remarquables des Basses-Alpes*, p. 334.

ses fidèles ouailles de sa constante sollicitude et de sa paternelle affection : « Nous avons contracté avec vous une alliance toute sainte dont les nœuds sacrés ont été formés dans le ciel, la chair et le sang n'y ont point de part ; c'est l'union de Jésus-Christ avec son Eglise. Les enfants que la nature vous a donnés ne vous sont pas plus chers que ceux que m'a donnés la religion ; notre tendresse pour eux est égale, parce que l'une et l'autre, et la nature et la religion, ont le même Dieu pour auteur (1). »

Le zélé prélat les avertit ensuite des progrès de l'impiété : « La religion se perd et nous n'y donnons point d'attention ; ses dogmes sont attaqués, ses lois méconnues, son culte et ses solennités sont suspendus, ses temples profanés, ses ministres dispersés *et nous pouvons pleurer entre le vestibule et l'autel* (2). Les ennemis de l'Eglise nous insultent et nous ne savons presque que leur répondre, parce que nos œuvres démentent notre foi, parce que notre vie n'est plus un témoignage sensible de la divinité (3). »

Se plaignant avec amertume des bouleversements de la société, il s'écrie ensuite : « Dans l'ordre politique, on ne sait plus d'après quels principes raisonner, ni à quel point de jurisprudence se fixer ; loix, coutumes, droit public, traités, règlements, ordonnances, chartres, institutions, etc., consacrés par le respect de tous les âges, tout a été mis en question et réduit en problème ; l'opinion règne sur nous en souveraine. Étonné de cette violente secousse et de ce changement soudain, on se demande sous quel gouvernement on vit..... La loi, *qui doit sortir de Sion* (4), n'est pas mieux écoutée ; les peuples qui venoient en silence la chercher dans nos temples, y sèment la terreur et l'épouvante, interrogent ses ministres et les placent entre la proscription et le parjure. On ne peut

(1) In-4° de 15 p.
(2) 1 Cor. IV.
(3) *Deut.* VI.
(4) Isaïe, ch. II.

plus être fidèle à Dieu sans être infidèle à César ; ces bornes sacrées, respectées par nos pères, qui assuraient tout à la fois le repos des consciences et des empires, ont été affranchies et renversées ; aux discordes civiles viennent s'ajouter les dissensions religieuses ; on conteste à l'Eglise ses droits les plus spirituels et les plus inhérents à sa véritable constitution ; le disciple enseigne le maître, le troupeau conduit le pasteur ; enfin cette *fascination* du siècle, dont parle le Sage est si généralement répandue et a tellement *aveuglé les esprits* (1), qu'elle est au moment de pénétrer dans le sanctuaire (2). » L'allusion à l'entreprise schismatique du curé de Valensole ne pouvait pas être plus évidente ni mieux caractérisée.

L'évêque de Senez conjure enfin ses diocésains d'imiter les vertus chrétiennes de leurs ancêtres, dont il fait un tableau consolant, et il termine en les prémunissant contre les entreprises du clergé constitutionnel, qui cherchait à se former à côté de l'évêque intrus des Basses-Alpes.

Mais bientôt, voyant les progrès du schisme, notre prélat crut devoir publier, le 11 juin 1791, une longue ordonnance en 12 articles où il traçait au clergé et aux fidèles de Senez leur devoir dans ces temps malheureux. Il y montre surtout l'indissolubilité du lien qui l'attache à son Eglise ; il combat la consultation (3) pour la translation à Digne du chapitre de Senez. Puis, empruntant les paroles de Tertullien (4), il s'adresse directement au curé de Valensole : « O vous, que j'avois averti, qui n'avés d'autre titre que la mission du siècle et qui viendriés sans pudeur m'enlever mon épouse, repondés-moi, qui êtes-vous ? d'où venés-vous et depuis quand des ouvriers que le père de famille n'a point appelés, travaillent-ils dans son champ ? De quel droit et par quelle autorité, venés-vous ravager

(1) *Sap.*, ch. IV.

(2) In-4° de 15 p.

(3) Elle était signée Moltrot, Pialès, Mey, Cannes, à la date du 27 janvier 1778.

(4) Tertul. *Lib. de prescriptione*, p. 10 et 11 de l'Ordonnance, in-12 de 16 p.

ma vigne; détourner mes sources, usurper mon territoire? Ne suis-je pas le premier en possession, et, en remontant à l'origine, ne suis-je pas, en droite ligne, l'héritier des apôtres ? »

Sa péroraison est vraiment pathétique : « Grand Dieu ! jugés ma cause, *Judica me Deus, discerne causam meam,* et protégés-moi contre l'homme méchant et trompeur, contre l'ennemi de votre nom, qui vient fondre comme une aigle sur votre vigne chérie (1) ; que ma voix s'élève contre lui comme le son de la trompette. Eclairés mes pas, soutenés ma faiblesse ; faites briller sur mon front le signe dont vous l'avés marqué ; imprimés-y vos promesses et, à travers les tempêtes et les écueils, j'arriverai au port du salut, à la patrie céleste, avec la tribu sainte qui m'environne, *ipsa me deduxerunt in montem sanctum tuum et in tabernacula tua* (2). »

IV

Ces tempêtes que prévoyait le courageux pontife ne tardèrent pas à s'élever contre lui et contre tous les catholiques. Irrités de la fermeté de son langage, les révolutionnaires du pays, quoique peu nombreux, résolurent d'employer la violence et de le chasser de son diocèse. Le Maire de Senez était grand partisan des idées nouvelles, mais il respectait son Evêque ; aussi voyant grossir l'orage il le pria de s'éloigner pour éviter de grands malheurs et même un assassinat. Ses amis alarmés, sa mère en pleurs se jetèrent à ses genoux pour le supplier de céder, pour un temps, à la nécessité. Il y consentit enfin, par amour pour les siens , car fort de son droit et esclave de ses devoirs, il eût été heureux de recevoir la couronne du martyre dans ces tristes circonstances.

(1) Osée, ch. VII.

(2) Cette pièce importante n'est pas du mois de mai, comme on l'a imprimé, mais du 11 juin suivant l'exemplaire corrigé de la main du prélat et que nous avons sous les yeux. — In-12 de 16 p.

Le prélat partit donc, le 2 juillet, de Senez pour se rendre au Puget, petit village à deux lieues d'Entrevaux, chez Madame de Saint-Sylvestre, sœur de l'abbé de Richery, son grand vicaire. Mais à peine arrivé à Rouaine, bourg voisin d'Annot, les municipaux de cette dernière localité l'arrêtèrent comme suspect, malgré les cautions qui se présentèrent en grand nombre, et malgré la loi constitutionnelle du temps, qui ordonnait de le laisser en liberté. Sous le prétexte qu'il voulait émigrer à Nice, ces démagogues, s'emparèrent de ses livres et de ses papiers et le jetèrent en prison. Ce ne fut pourtant que deux jours après cette arrestation arbitraire que l'on rendit contre lui un décret de prise de corps. On ne lui reprochait plus d'avoir comploté contre la nation, mais seulement d'avoir exercé publiquement ses fonctions épiscopales, comme s'il était toujours, devant la loi constitutionnelle, évêque de Senez. Il fut enfin décidé par ces tyranneaux de village qu'on le conduirait à Digne; et il partit, sous la conduite de vingt-quatre municipaux, comme un malfaiteur public.

Dès son arrivée dans cette ville, le 4 juillet, on fait courir le bruit qu'on a trouvé dans ses papiers un plan de contre-révolution en 25 articles (1). Ce bruit est démenti par le procès-verbal de l'arrestation même et par la visite de ses papiers. Le prélat, arrêté sous mandat judiciaire, demande à comparaître au moins devant le tribunal afin d'être entendu. Le département s'y refuse et la vile populace veut le mettre à mort (2). On l'arrache au péril non sans

(1) Nous avons emprunté le récit de ce qu'on pourrait appeler la *Passion* de Mgr de Ruffo-Bonneval à Barruel (*Histoire du clergé pendant la révolution*, Londres, Bayles, 1801); au *Journal ecclésiastique* de décembre 1791; à son oraison funèbre, par M. Allemand, ancien curé de Senez et à une notice que M. le chanoine Gibert, le curé actuel, a bien voulu écrire pour nous d'après les traditions encore très vivantes de la contrée.

(2) Dans une lettre du 15 juin 1820, notre prélat raconte à son frère aîné les dangers qu'il courut à Digne: « .... Je vous recommande sur toutes choses de vous informer si M. Simon, Maire de Digne en 91, vit encore. Je lui dois de vivre aussi. Il me sauva par miracle d'une populace immense, ivre de vin et de sang, qui voulait accrocher à la lanterne le frère de M. le marquis de la Fare, premier procureur du pays. Je crus que c'était mon dernier jour. J'ai les mêmes obligations et plus grandes

peine et, sous la même escorte, il est envoyé au fort de Seyne. Au lieu de plaintes et de murmures, la joie des confesseurs de Jésus-Christ paraît sur son visage, et le peuple accouru pour le voir, s'écrie : « Ah ! ce n'est pas cet air qu'ont les coupables ! » Des brigands, apostés pour effacer cette impression, excitent du tumulte et crient : *A la lanterne* ! Le chef de ses gardes leur impose silence. « Laissez, dit le prélat, laissez, mon ami ; ne vous fâchez pas contre eux ; ils offensent Dieu, voilà ce qui m'afflige : quant à moi, je suis fait pour souffrir. »

Le 5 juillet, avec tout l'appareil qui conduit les malfaiteurs dans un cachot pour délivrer le monde de leurs crimes et de leur présence, ce respectable évêque est mené, au milieu du jour et à travers une grande partie de son diocèse, dans la prison du fort de Seyne. Ses gardes étonnés de la joie qui éclate, même sur son visage, en témoignent leur surprise : « Pourquoi cette admiration, leur dit-il ; avouez plutôt que je suis trop heureux de soufffrir pour une pareille cause. » Pendant la nuit les municipaux se livrent au sommeil pour se délasser de leurs fatigues ; lui, il la consacre à remercier Dieu qui l'a jugé digne de souffrir pour la religion. La crainte qu'il n'ait saisi ce temps pour s'évader, fait visiter la chambre dans laquelle on l'avait déposé ; mais on le trouve à genoux et en prières, à trois heures du matin ; aussi le maître de la maison, à cet aspect, ne peut s'empêcher de s'écrier : « C'est un saint ! c'est un saint ! » Il arrive enfin au fort de Seyne et on l'enferme dans le donjon, sous un grenier, sans vitres aux fenêtres, exposé à toutes les injures de l'air en temps d'orage. Toute consolation humaine lui est soustraite. De généreux amis s'offrent à partager sa prison pour en diminuer la solitude et les ennuis ; mais la seule

encore à un brave sergent qui me défendit, le sabre nu, sur l'escalier de mon auberge avec un courage étonnant, dont il pouvait être lui-même la première victime. Ah ! si mon brave *La Pensée* vit encore, embrassez-le bien pour moi, et assurez-le que je l'ai toujours aussi dans la pensée. Je serai bien consolé d'apprendre que ces deux braves personnes ont reçu les marques de mon inviolable souvenir...... »

compagnie qui est admise est celles des gardes nationaux armés qui le gardent à vue, jour et nuit.

Cependant l'Evêque de Senez se trouvait heureux, car la cause de toutes ses persécutions, il le savait maintenant, était sa fidélité à faire les fonctions d'un bon pasteur, à préserver ses ouailles du loup ravisseur que le schisme lui envoyait. Cette joie de son âme n'empêcha pas les intempéries de la saison d'affliger son pauvre corps dans ce cachot ouvert à tous les vents. Son visage était brûlé, ses lèvres enflées et fendues, ses yeux fatigués à l'excès par les ardeurs de la canicule ; la pluie des orages qui tombait dans sa chambre, lui causa un rhumatisme ; de violents maux de tête s'ajoutèrent à ses infirmités. Il les supporta courageusement pendant vingt-huit jours, en attendant qu'il plut à ses juges de l'appeler à leur tribunal.

Ce fut dans son cachot du fort de Seyne que le prisonnier du Christ écrivit, le 1er août 1791, son *Mémoire* aux membres du comité ecclésiastique pour leur prouver que s'il avait exercé les fonctions épiscopales, comme c'était son devoir, jamais il n'avait publié d'écrits incendiaires, ni formé de plan de contre-révolution. Il montrait aussi l'illégalité de son arrestation. Cinq jours après, il écrivait au président de l'Assemblée nationale de Paris pour protester solennellement contre son arrestation arbitraire et réclamer les droits mêmes que la nouvelle constitution accordait à tous les citoyens français et pour demander des juges.

Ce mémoire (1) comme cette lettre demeurèrent sans réponse, et l'on n'en sera pas étonné ; car en ce temps où l'on parlait toujours de la liberté et des droits de l'homme, on les violait audacieusement contre tous ceux que l'on appelait les suspects. Enfin, après cinquante jours de prison, arrivèrent des ordres pour le traduire devant le tribunal de Castellane. Son transport dans cette ville, dit

(1) Nous en avons tiré beaucoup des détails qui précèdent et qui suivent l'arrestation du prélat. — V. Montgrand, *Histoire généalogique de la maison Ruffo*, p. 439-444.

Barruel, fut le triomphe de la vertu dans les fers. Les populations accouraient pour attendre le moment de son passage. Hommes, femmes, enfants, laïques et prêtres se prosternaient devant lui, s'approchaient pour avoir le bonheur de baiser ses habits, son anneau pontifical, ses pieds mêmes ; tous lui demandaient à genoux sa bénédiction, tous s'écriaient : « Vive notre véritable évêque ! voilà notre Père ! voilà notre vrai Pasteur ; nous n'en voulons point d'autre ! »

Une consolation plus sensible encore pour M. de Senez, fut d'apprendre l'effet qu'avait produit sa captivité et sa constance sur quelques prêtres de son diocèse, qui d'abord avaient cédé à la persécution et prononcé le serment du schisme et de l'hérésie. Ranimés par son exemple, plusieurs de ceux qui étaient tombés se relevèrent en rétractant publiquement leur parjure. Dès sa rentrée dans son diocèse, qu'il traversa pour se rendre à Castellane où on devait le juger, à la première de ses paroisses, le curé et le vicaire de Tartonne demandent à le voir. L'un et l'autre, rapporte Barruel, avaient eu le malheur de jurer ; l'un et l'autre s'empressent d'aller lui faire hommage de sa conversion. M. de Senez, accablé de fatigue, après neuf heures de marche à travers les montagnes et tourmenté de ses douleurs rhumatismales, était, en ce moment, tombé sur un grabat et commençait à sommeiller. Le curé pénitent obtient des gardes la permission d'entrer ; pressé de recevoir son absolution, il s'écrie : « Monseigneur, je suis encore digne de vous, je me suis solennellement rétracté ! » Jamais un cri plus agréable n'avait réveillé notre prélat. Il se lève et se jette au cou du curé qui fondait en larmes : « C'est donc vous, mon cher Pasteur, c'est vous que je retrouve et que j'embrasse dans une foi commune ! Que je me réjouisse avec vous, mon cher ami, de votre retour à l'Eglise ! Mes douleurs sont passées. Non je ne souffre plus ; j'oublie tout, trop heureux que mes souffrances aient pu vous être utiles ! » Ainsi, continue l'historien du clergé persécuté, le vrai Pasteur, captif et dans les fers, ramenait dans les voies du salut les brebis égarées, tandis que l'évêque intrus, dans son palais, protégé de toute la force publique, se voyait abandonné par ceux-là même que l'erreur ou la violence avait d'abord séduits.

V

Cependant, après deux jours passés à Senez, où toute la population, à l'exception de quelques démagogues, lui témoignèrent le plus respectueux et le plus filial attachement, Mgr de Ruffo-Bonneval dut se rendre à Castellane, car le jour de l'audience, le 16 septembre, arrivait. Il s'approcha majestueusement de la barre, disent plusieurs témoins oculaires (1), revêtu du rochet, de la mozette, sur laquelle brillait sa croix pectorale, et de l'étole. Il ne craignit même pas, en entrant dans la salle de justice, de donner la bénédiction épiscopale à la foule qui avait envahi le prétoire et qui était composée, pour la plus grande partie, de ses fidèles diocésains. Le procureur-syndic du département commença son réquisitoire et dénonça l'évêque de Senez comme un *homme noir et pervers,* comme un empoisonneur public, et affirma qu'il était l'auteur et le distributeur d'écrits incendiaires. On fit ensuite avancer quarante témoins à charge, et il demeura prouvé par l'ensemble de leurs dépositions que Mgr de Ruffo-Bonneval avait fait une grande ordination, administré la confirmation, ce qu'il ne niait pas le moins du monde, et surtout qu'il avait agi de vive voix et par écrit pour préserver son clergé du schisme constitutionnel, ce dont il se faisait hautement gloire.

L'intrépide pontife, plus heureux d'avoir à confesser sa foi et ses actes épiscopaux qu'intimidé par les menaces de ses juges, leur dit, avec une sainte hardiesse, ainsi qu'il l'avait écrit au président de l'Assemblée natio-

(1) Notice mss. par le ch. Gibert, curé de Senez.— Allemand. *Oraison funèbre*, p. 14.

nale: « Appelé d'En haut pour conduire les âmes qui me sont échues en partage, et pour les présenter au tribunal du Souverain Juge, je comparais librement devant le tribunal de Castellane. Je déclare en mon âme et conscience que je crois tenir fermement mon ministère de Dieu et non des hommes. Détaché de toute autre cause, ne tenant qu'à ce Dieu, évêque de Senez par sa vocation et portant le caractère de son autorité pour en exercer les fonctions sacrées, j'ai cru ne pouvoir pas refuser aux lévites l'imposition des mains ; aux simples fidèles le sacrement de force ; à des enfants qui m'appelaient leur père, le pain de la parole, les secours et les consolations de leur croyance. Tant que ma langue et mon bras seront libres, l'une sera pour évangéliser mon peuple, l'autre pour le bénir. » Puis il ajouta cette grande parole : « Pour moi, je ne crains rien ; si Dieu veut éprouver les siens, le XVIIIe siècle aura ses martyrs comme le premier. »

Il ne fut pas difficile à l'Evêque de Senez de prouver à ses juges qu'en exerçant ses fonctions pastorales, il n'avait enfreint aucune des lois de l'Assemblée nationale, puisqu'on n'osait pas seulement l'accuser de la moindre violence à l'égard de ceux qui résistant à ses instructions auraient voulu suivre celles de l'intrus ; puisqu'en prêchant contre le schisme, il avait toujours eu soin de prêcher en même temps la paix et le respect pour l'ordre public, la soumission aux lois dans le ressort civil. Il parlait devant le tribunal, écrit Barruel, avec toute la confiance de l'innocence, toute l'autorité d'un apôtre, toute la tendresse d'un père et tout l'intérêt d'un pasteur qui cherche plus à éclairer ses ouailles égarées dans la foi, qu'à se justifier de ses prétendus crimes devant la justice des hommes. Les populations accourues pour entendre sa défense, admiraient sa tranquillité et son courage ; elles voyaient leur apôtre, leur père dans les fers ; des larmes d'attendrissement coulaient de leurs yeux.

Les membres du tribunal révolutionnaire les remarquèrent et en craignirent l'effet. Déjà le courageux pontife avait su relever une question impertinente du Président, qui lui demandait : « Qu'est-ce que l'Eglise ? — Depuis quand est-il permis à un laïque, à un homme du siècle de faire le catéchisme à son Evêque. » Aussi violèrent-ils la loi qui ordonnait de prononcer la sentence ; ils la remirent au lendemain et déclarèrent qu'elle serait prononcée à huis-clos. Cette sentence portait que le ci-devant évêque de Senez était atteint et convaincu du crime de désobéissance et de résistance à la loi pour avoir continué ses fonctions épiscopales et répandu des écrits incendiaires ; c'est-à-dire ses mandements. En conséquence, il était déchu de sa qualité de citoyen actif, privé de son traitement, exilé à dix lieues de son diocèse sans fixation de temps, avec défense à lui de prendre le titre d'évêque de Senez sous les plus graves peines.

Mgr de Ruffo-Bonneval répondit à cette sentence inique par la parole du grand martyr saint Cyprien : « *Deo gratias* ! » Mais la sentence devait être confirmée par le tribunal de Barcelonette ; et le captif de Jésus-Christ fut remis entre les mains de trois gendarmes à cheval qui devaient l'y conduire. Tous les honnêtes gens, à Castellane et à Senez, étaient dans la consternation. Seul, notre prélat conservait son calme et sa douce gaieté. A la sortie du tribunal, une partie du peuple et tout son clergé l'accompagnèrent jusqu'aux portes de la ville ; et là, le courageux pontife, embrassant ses prêtres et ses ouailles comme un bon père, leur dit, en les quittant : « Adieu, mes amis, la force éloigne pour quelque temps mon corps d'auprès de vous ; mais il n'est pas au pouvoir de l'homme de séparer nos âmes, ni les brebis du vrai pasteur. J'ai été, je suis, et je serai votre évêque jusqu'au dernier soupir. Soyons tous unis de même à la vérité, à l'Eglise de Jésus-Christ. »

Attendris jusqu'aux larmes, les prêtres et les pieux fidèles expriment à leur tour toute l'amertume de leurs regrets et lui jurent à lui et à l'Eglise dont il est évêque et confesseur dans la foi une fidélité éternelle. Ils se jettent à ses genoux et le conjurent de les bénir. Le pontife lève les mains au ciel, il invoque l'Esprit-Saint pour qu'il leur accorde les dons de fidélité et de constance dans l'Eglise catholique ; il les bénit et se livre à ses gardes, qui le conduisent à travers des montagnes escarpées jusqu'à Barcelonette.

Après dix jours de longues délibérations, le tribunal de cette ville, embarrassé de la présence de ce prétendu coupable, refuse de connaître son affaire, en faisant valoir le décret de l'amnistie du 15 septembre 1791. Mgr Ruffo de Bonneval est enfin remis en liberté ; mais ne pouvant retourner dans sa ville épiscopale, il prend le parti de franchir la frontière du côté de la ville de Nice, que plusieurs de ses collègues avaient déjà choisie comme le lieu de leur refuge momentané ; car ils ne croyaient pas à la durée de la révolution.

VI

Ce fut au Puget-de-Rostang, non loin de Nice, et à quatre lieues seulement de son ancien diocèse, que l'évêque de Senez se retira ; c'est de là qu'il commença les longues pérégrinations de son exil. Elles ne devaient se terminer qu'à sa mort. Peu de temps après son arrivée dans cet asile, il reçut une lettre fort consolante, écrite par Mgr de Boisgelin, son ancien archevêque, au nom des évêques qui siégeaient encore à l'Assemblée nationale. Elle était datée du 6 septembre 1791, et s'exprimait en ces termes : « Vous recevez, Monseigneur, la véritable récompense de vos peines : l'estime et la vénération publiques. Vous avez éprouvé des moments cruels ; on a voulu vous faire essuyer les contradictions et les tourments qui peuvent effrayer les autres hommes. On n'a pu ni vous ôter votre courage, ni vous priver, au milieu de tant de dangers, de la défense naturelle que vous préparait, dans tous les cœurs, l'impression de vos vertus....

Vous jouissez maintenant dans le repos et surtout dans la paix de la conscience de l'honneur et de la satisfaction de votre admirable conduite. Recevez les hommages de tous mes collègues qui me chargent d'être l'interprète de tous leurs sentiments. Je ne puis pas vous exprimer quelle était leur consternation, quand ils ont appris et votre arrestation sans égards et sans décence et toutes les rigueurs de votre emprisonnement ; mais à qui pouvaient-ils s'adresser ?. . . . . (1) »

En effet, au milieu des désordres et des bouleversements que produisait en France le nouvel état de choses, comment espérer que l'on écouterait la voix de la justice en faveur d'un prélat si attaché à ses devoirs et aux grands principes combattus par la Révolution ? Cependant Mgr de Boisgelin ajoutait : « Vous m'annoncez, Monseigneur, que vous voudrez bien m'envoyer le résultat des procédures et le jugement ; ce sont des actes intéressants pour tout le clergé, et il est utile que nous en soyons instruits, parce que, chargés de la correspondance des affaires du clergé, nous regarderons comme l'affaire la plus importante l'examen de toutes les irrégularités d'une pareille procédure. Vous avez donné, Monseigneur, par vous-même, de l'intérêt et de l'éclat à tout ce qui vous touche, et vous sentez à quel point nous en partageons la gloire pour tout le clergé et la satisfaction pour nous-mêmes. Il nous est doux de penser que vous êtes maintenant libre et tranquille et qu'il ne nous reste plus qu'à vous donner les témoignages de tous les sentiments qui vous sont dus (2). »

La courageuse conduite de l'évêque de Senez fut bientôt connue et admirée dans toute l'Europe. Nous en voyons la preuve dans la lettre suivante adressée, le 7 mai 1791, par le prince de Salm à l'abbé de Bonneval, frère de notre prélat : « J'ai l'honneur d'adresser à M. l'abbé de

(1) Montgrand, *Histoire généalogique de la Maison Ruffo*, p. 427-449.

(2) Montgrand. *Histoire généalogique de la Maison Ruffo*, pages 427-429.

Bonneval un écrit de M. l'abbé d'Osseg, prélat de Bohême, par lequel celui-ci exprime le désir de recevoir Monseigneur l'Evêque de Senez dans sa maison. L'abbaye d'Osseg (1) est située sur les frontières de la Saxe et de la Bohême, dans une contrée très riante, à une petite distance de Tœplitz et à trois lieues d'une campagne de l'archevêque de Prague. M. l'abbé d'Osseg est un digne et brave homme qui tâchera de rendre son habitation agréable à Monseigneur l'Evêque de Senez. Je prie M. l'abbé de Bonneval d'agréer les très anciens sentiments de son très humble serviteur. *Signé* : Emmanuel, prince de Salm-Salm (2). »

Mais Mgr de Ruffo-Bonneval voulant rester le plus près possible de ses ouailles, même dans les souffrances de l'exil, refusa cette honorable hospitalité, et, dès le 8 février 1792, il adressait à ses diocésains son mandement de Carême. Il le commence d'une manière touchante : « Nous attendions avec une sainte impatience, nos très chers frères, ce temps favorable, ces jours de salut pour être écoutés de vous avec plus d'intérêt et pour vous faire part de quelques grâces spirituelles; car une mère peut-elle oublier ses enfants? Mais, quand même elle les oublieroit, nous ne vous oublierons jamais; nous vous portons gravés sur nos mains; vos maisons et vos cités sont sans cesse devant nos yeux (3). »

Le prélat proteste de nouveau contre le jugement inique dont il a été la victime; il revendique énergiquement son droit de légitime pasteur du diocèse de Senez; il prémunit son peuple fidèle contre l'intrusion des prêtres constitutionnels, et, parlant du malheureux curé de Valensole, il s'écrie : « Si nos expressions contre l'usurpation de notre sacerdoce vous paroissoient trop fortes, ouvrés les Livres saints qui seront toujours nos guides; vous y verrés que nous ne parlons pas de nous-même et que l'esprit de Dieu ne fut jamais plus véhément que contre les faux

(1) Elle était de l'Ordre de Citeaux.

(2) Montgrand, *loco citato*, p. 431.

(3) Isaïe, XLIX, 15.

prophètes ; j'attaque de front l'erreur que je connois ; j'embrasse mon frère égaré que je ne connois pas ; je demande qu'il se convertisse et qu'il vive. L'Evangile, qui le condamne à chaque page, fait toute ma justification et toute ma force ; quand il le corrompt ou le cache sous le boisseau, je le prêche sur les toits sans crainte, ni altération (1). »

Nous remarquons dans ce mandement, plein de l'éloquence du cœur et nourri des Saintes-Ecritures, un beau passage sur l'infortuné roi Louis XVI et son auguste famille : « O mon maître, ô mon roi, je renouvelle à vos pieds mon serment de fidélité ; vous reconnoitrés un jour que votre couronne ne reposa jamais plus sûrement que sur l'autel ; vous avés paru, un moment, en douter, pour écouter des conseils flatteurs et des nouveautés dangereuses. Revenés au plus tôt à vos premières inclinations, à la foi antique, à la foi de Clovis et de saint Louis ; vous verrés bientôt aussi votre peuple revenir à vous et abandonner ces nouveaux dieux qu'il avoit mis à votre place. Vous l'entendrés s'écrier par acclamation autour de votre trône : « *Mortales deos abigimus, ô pie Rex* (2). » O mon maître, ô mon roi, que le Seigneur vous exauce au jour de la tribulation ; que le nom du Dieu de Jacob veille sur vous et sur toute votre auguste famille ; sur une reine que les revers nous montrèrent plus grande que la prospérité ; sur cet enfant royal, le doux objet de nos espérances ; sur des frères chéris, qui ne soupirent que pour notre bonheur et notre gloire ; sur des princes de votre sang dont le nom fut toujours celui de l'héroïsme chrétien et de l'honneur français. Qu'il vous envoye du secours et vous protège du haut de sa sainte demeure.... »

Cette belle lettre pastorale se terminait par les censures que le vigilant prélat lançait contre les prêtres constitutionnels qui avaient envahi les paroisses de son diocèse. Mgr de Ruffo-Bonneval était heureux d'avoir pu accomplir, même en exil, son devoir de pasteur. Une plus

(1) Cabinet de M. Adolphe Duc, de Marseille.
(2) *Vita S. Remigii.*

grande consolation lui était réservée. Notre prélat s'était empressé d'envoyer au Souverain Pontife la relation fidèle de son arrestation, de son jugement et de son expulsion de France. A la fin de mars 1792, il reçut du cardinal Zelada une lettre qui accompagnait le bref de Pie VI, adressé aux cardinaux et évêques de France à l'occasion de la persécution. Cette Eminence lui disait : « Sa Sainteté a différé expressément de répondre à vos lettres, parcequ'elle brûlait de rendre un témoignage éclatant et public de l'impression qu'avait faite sur lui la constance vraiment héroïque avec laquelle vous avez souffert les traitements les plus indignes et les cachots même, sur les traces lumineuses des plus illustres confesseurs de l'Eglise. » Dans le bref lui-même, le Vicaire de Jésus-Christ s'exprimait en ces termes : « Plusieurs d'entre vous, vénérables frères, chassés de leurs Eglises et même du royaume, ont supporté cet exil avec un courage invincible. D'autres ont été livrés, dans leurs propres diocèses, aux outrages et aux violences de leurs persécuteurs. D'autres encore ont souffert toutes les horreurs de l'emprisonnement. Tel a été spécialement votre partage à vous, notre vénérable frère, évêque de Senez, comme vous nous en avez informé par vos lettres, et c'est aussi par votre captivité elle-même qu'une portion plus distinguée de gloire vous est assurée.... (1) »

Au bas de ce bref si élogieux pour lui, Mgr de Ruffo-Bonneval ajouta ces quelques mots : « Ce dont je n'ai pas su profiter pour la gloire de ce monde, me servira, je l'espère, pour celle du ciel. »

La fin de l'année 1792, la première du long exil de notre prélat, fut encore attristée par la mort tragique du vénérable M. Reynard, archidiacre de Senez, qui était en même temps son grand vicaire et le supérieur du Séminaire. Ce saint prêtre (2), durant 55 ans, s'était tout dévoué, sous

(1) Montgrand. *Hist. gén. de la Maison Ruffo*, p. 425-427.

(2) Messire Martin Reynard était né à Senez le 15 juillet 1713 et fut martyrisé le 4 juin 1792.

six évêques de Senez, au bien spirituel de ce diocèse. Mais laissons Mgr de Ruffo-Bonneval nous raconter lui-même le martyre de ce vétéran du clergé (1) : « . . . Les sentiments et l'orthodoxie du vénérable M. Reynard étoient trop connus dans le pays pour qu'il pût y rester. Il partit donc au milieu des pleurs de six orphelins, neveux et nièces, à qui il servoit de père et de mère depuis quinze ans ; il étoit accompagné de deux chanoines, également recommandables par leurs talents et leurs vertus. Ces trois respectables proscrits s'éloignoient tristement d'une patrie qui les repoussoit de son sein ; ils obéissoient à la loi : *jurer ou fuir ;* mais ce devoit être pour eux : *ou mourir*. Ils furent arrêtés prenant la route du comté de Nice par la municipalité de Sausses, diocèse de Glandevès, à laquelle se joignirent les employés du pont de Gueydan. Leurs passeports furent examinés et trouvés en règle; mais on n'en tint compte et ils furent conduits à Entrevaux comme des gens sans aveu et des voleurs de grand chemin. Aux approches de cette ville et aux cris de rage et de fureur qui s'élevèrent contre eux, ils virent que leur perte était assurée. Le pauvre archidiacre voyant son heure arrivée, éleva son âme à Dieu, prit en main le Nouveau-Testament, avertit, par deux fois, ses compagnons de se préparer à la mort, s'évanouit et tomba de son cheval sur le parapet du chemin qui borde le Var à une hauteur épouvantable. On pouvoit aisément le retenir, on dit même qu'il étoit retombé dans le chemin ; mais la foule salariée qui l'entouroit, le précipita dans l'abîme. Une curiosité barbare le fit chercher ; il respiroit encore. « Je vous pardonne tout le mal que vous me faites » dit-il en frappant trois fois sa poitrine. Ce furent les dernières paroles sorties de sa bouche. On le tira alors de l'eau pour le lancer contre un rocher et un coup de bâton à tour de bras sur sa tête chauve et octogénaire fut son coup de grâce. Le corps ensanglanté de ce malheureux vieillard

(1) Lettre à M. de ***, vicaire général de Marseille. — *Notice mss. sur Mgr Ruffo de Bonneval*, par le chan. Gibert, curé de Senez,— Montgrand, p. 445-448.

fut porté sur la place publique et exposé pendant deux jours, sans aucun vêtement. Un peu de terre jetée dessus. moins par commisération que par lassitude du crime, termina cette fête de cannibales, tous étrangers et odieux au pays d'Entrevaux. Telle a été la fin de mon premier coopérateur, que j'appellerai plutôt mon père. Il avoit été mon collègue et mon égal pendant douze ans et avoit toujours désiré me voir son supérieur. S'il est vrai que la cause et non la peine fait le martyr, je l'invoque aujourd'hui comme mon ange tutélaire et je regarde sa mort aussi sainte devant Dieu que glorieuse devant les hommes... (1) »

Le bon prélat ajoute : « Je vous fais ce triste récit au sortir d'un service auquel j'ai officié pontificalement et auquel ont assisté tous les évêques, curés et prêtres réfugiés à Nice. Ah ! mon ami, combien vous eussiés été touché de ce spectacle de religion dans un oratoire champêtre ; la fleur du sacerdoce, la tendre piété en faisoient tout l'ornement, et toute la campagne a retenti des chants de notre douleur. J'aurais jeté quelques fleurs sur la tombe du saint prêtre, si les sanglots n'eussent étouffé ma voix, et si je n'avois craint qu'une peinture trop fidèle de nos malheurs ne déplut à un gouvernement qui nous protège et que nous respectons tous. Puissent nos prières, nos gémissements bien moins profiter à notre martyr, qui n'en a pas besoin, qu'à nous-mêmes !... »

VII

Dans l'année 1793, l'évêque de Senez dut quitter les environs de Nice pour se rendre à Turin ; mais plus il s'éloignait de ses ouailles, plus il semblait se préoccuper du salut de leurs âmes. Aussi, dès le 22 janvier, il leur envoya son mandement de Carême : « Nous sommes démis forcément de nos fonctions, disait-il à ses ouailles ; mais jamais du titre d'apôtre de Jésus-Christ que nous porterons devant le tribunal du Souverain Juge et dont il nous demandera

(1) Montgrand, *Hist. généal. de la Maison Ruffo*, p. 444-446.

compte. S'il nous reste un moyen de nous faire entendre et de nous rapprocher de notre troupeau, si le salut d'une seule âme y est attaché, il devient pour nous un devoir, quoiqu'il puisse être un écueil (1).» Après les avoir exhortés à la pénitence et à une vie sainte, plus nécessaire que jamais dans ces temps malheureux, il renouvela solennellement ses protestations contre l'usurpation sacrilège de Romée de Villeneuve.

Le 28 juin de la même année, Mgr de Ruffo-Bonneval fit parvenir un second mandement à ses diocésains pour les exhorter à se maintenir toujours fermes dans leur fidélité à l'Eglise catholique, malgré toutes les persécutions. Les premières lignes de cette lettre montrent bien quelles illusions entretenaient encore les évêques et les prêtres, réfugiés en Italie, sur la durée de l'infernale révolution. « Nous sommes mis à de longues et rudes épreuves, mes très chers Frères ; mais grâces à Dieu qui nous fait toujours triompher en Jésus-Christ, nous trouvons notre salut comme notre gloire dans les souffrances ; ce qui doit nous faire espérer, au pasteur comme au troupeau, d'être bientôt réunis. Toute la sainte milice répandue dans l'Etat ecclésiastique, sous les ailes du Père commun ; tous vos meilleurs amis qui ont emporté le *dépôt* pour vous le conserver, se portent bien ; rien ne leur manque que les moyens de s'acquitter. Ils combattent toujours par la patience et la consolation des Saintes-Ecritures, envisageant la récompense. Aucun d'eux n'est encore tenté de mettre bas les armes (2). »

En terminant, le zélé pontife proposait à ses ouailles « le grand exemple qui était devant eux: Tous les évêques de l'Église gallicane, la très grande partie de leurs coopérateurs, un nombre infini de prêtres de tout grade et de tout âge, combattant, souffrant et mourant depuis trois ans pour cette religion dans laquelle ils vous ont engen-

(1) Cabinet de M. Adolphe Duc, de Marseille. — Il déclare, à la fin de ce mandement, vouloir qu'on en dépose un exemplaire sur sa poitrine après sa mort.

(2) Archives de la famille de Ruffo-Bonneval.

drés ; le chef des pasteurs à leur tête, S. S. Pie VI, les consolant, les embrassant dans l'Eglise universelle ; une troupe de vierges chrétiennes semblable à celle que l'apôtre saint Jean voyoit dans le ciel et qu'il ne pouvoit compter, buvant goutte à goutte un calice d'amertume pour être fidèles à l'Epoux de leurs âmes. Ce grand spectacle est devant vous. Je consens, je veux être coupable de vous le proposer, si vous n'êtes pas obligé de le suivre (1). »

Mgr de Ruffo-Bonneval signait ce mandement *du lieu de notre retraite ;* mais il ne devait pas y faire un long séjour. Le Cardinal Borromée, son vieil ami, le pressait de venir à Rome et il se rendit à ses désirs dans les premiers mois de l'année 1794. Arrivé dans la Ville éternelle, l'évêque, confesseur de la foi, alla tout d'abord se jeter aux pieds du représentant de Notre-Seigneur sur la terre. Le pape Pie VI l'accueillit comme un frère et un fils bien-aimé, dont il était justement fier devant Dieu et devant les hommes. Il l'assura de sa paternelle protection et déclara qu'il voulait pourvoir à toutes ses nécessités durant son séjour à Rome. Notre prélat profita des loisirs forcés que lui faisait la révolution pour satisfaire sa tendre dévotion dans les nombreux et célèbres sanctuaires de la capitale du monde chrétien.

Mais les consolations que trouvait son âme dans ces pèlerinages quotidiens ne lui faisaient pas oublier ses malheureux diocésains, exposés aux entreprises impies des révolutionnaires et des faux pasteurs qui avaient envahi son bercail. Il pensait aussi à ses prêtres qui étaient alors poursuivis sur toute la surface du territoire français ou chassés en exil. Le 15 août 1794, il adressa aux uns et aux autres un mandement daté, selon l'usage, *hors de la Porte Flaminienne*, et dans lequel il gémissait des progrès affreux de l'irréligion dans la malheureuse France, déchirée par ses propres enfants. « Ces impies, disait-il, pour effacer tout souvenir et toute trace de la foi primitive, la

(1) Archives de la famille de Ruffo-Bonneval.

déraciner et n'y plus laisser aucun recours à ce peuple abusé, ne comptent plus de l'ère chrétienne et de l'Ancien des jours (1). Ils ont ôté de leur nouveau calendrier le saint Dimanche ; punition sévère et peut-être peine de mort contre celui qui le distingue encore et ne le profane pas. Une affreuse nuit a dérobé tout à coup aux pieux fidèles nos mystères de lumière et le spectacle touchant de nos solennités ; le cours périodique de sept jours qui sert de règle à tous les peuples et qui est un témoignage perpétuel et universel de la création, a été changé ; ils ont résolu de faire cesser la mémoire des ouvrages du Seigneur et ses fêtes de dessus la terre ; son Nom trois fois saint qui nous fut révélé et qu'un chrétien met à la tête de toutes ses actions, a été proscrit et remplacé par *le Dieu inconnu ;* l'*Etre suprême* n'est pour ces insensés qu'une divinité bizarre qu'ils façonnent à leur gré et dont ils ont senti le besoin de décréter l'existence, après l'avoir nié dans leur premier délire (2). »

S'adressant, à la fin de ce mandement, à ses prêtres, exilés comme lui ou poursuivis en France par les républicains, il les encourageait et leur disait : « Braves et courageux athlètes de Jésus-Christ ! En vous écrivant au pied du tombeau des saints Apôtres, je vous recommande à eux, je les prie de vous revêtir de leur vertu apostolique, la leur demandant d'abord pour moi-même (3). »

L'année même où l'évêque de Senez publiait ce mandement, le pape Pie VI condamnait, par la bulle *Auctorem fidei*, le synode schismatique de Pistoie, en Toscane, et l'évêque janséniste de cette ville, le trop célèbre Ricci. Par une délicate attention, le Souverain Pontife envoya à Mgr de Ruffo-Bonneval la copie de cet acte important, dès le commencement de janvier, car il savait combien ce prélat était attaché aux doctrines romaines sur la Grâce et sur la hiérarchie catholique. Le jour

(1) Daniel, ch. VII.

(2) In-18 de 16 p. — Cabinet de M. Adolphe Duc, de Marseille.

(3) *Ibidem*.

même où le cardinal Caraffa lui faisait cette gracieuse communication de la part du Très-Saint Père, Mgr de Ruffo-Bonneval lui répondit par la lettre suivante :

« EMINENCE,

« J'ai reçu avec beaucoup de respect, le 3 janvier, la constitution dogmatique de Sa Sainteté commençant par ces paroles : *Auctorem fidei* et la lettre de votre Eminence qui y était jointe. Mon devoir sera toujours de veiller attentivement sur le troupeau confié à ma faiblesse, de peur qu'il ne soit trompé ou induit en erreur par de fausses doctrines. Je n'ai jamais abandonné le gouvernement de mon diocèse ; mais même absent de corps, étant jaloux de m'acquitter de mes fonctions épiscopales, je les remplirai avec plus de zèle encore lorsque je serai de retour et que la tempête aura été apaisée avec le secours de Dieu.

« Dans l'exil et dans nos peines qui durent si longtemps, *notre repos et notre gloire est le témoignage de notre conscience*, une foi inaltérable éprouvée jusqu'à sept fois.

« Rien n'est et ne sera jamais plus profondément gravé dans mon cœur que le zèle et le respect ancien des Pères de l'Eglise gallicane envers le Vicaire de Jésus-Christ, *car la vie éternelle consiste à connaître toi seul vrai Dieu, et Celui que tu as envoyé, Jésus-Christ*... et celui que tu as envoyé, Pierre... et celui que tu as envoyé, Pie.

« De Votre Eminence, le très-humble et très-dévoué serviteur.

« † JEAN-BAPTISTE M. SCIPION,
« *Evêque de Senez.*

« A Rome, samedi 3 janvier, l'an du Seigneur 1795 et de la persécution le septième (1). »

Nous donnons la traduction du texte latin de cette lettre parce qu'elle est de Madame Adélaïde de France, la tante de Louis XVI. Cette princesse, qui était fort

(1) Montgrand, *Histoire généalogique de la maison Ruffo*, p. 437-439.

lettrée, honorait de son affection notre pieux prélat et, dans une de ses fréquentes visites, elle se plut à écrire cette traduction en regard du brouillon de l'épître latine de l'évêque de Senez.

Dans la dernière partie de l'année 1795, Mgr de Ruffo-Bonneval, toujours préoccupé des intérêts spirituels de ses ouailles et voyant que l'horizon politique semblait un peu s'éclaircir dans la malheureuse France, fit partir pour le diocèse de Senez quelques-uns de ses prêtres, qui avaient trouvé un refuge en Italie. Il annonça cette bonne nouvelle à son peuple par son mandement du 8 septembre 1795 (1). « Les circonstances m'ont enfin permis, mes très chers frères, de vous envoyer quelques ouvriers courageux et fidèles, dont j'ai appris l'arrivée après une heureuse et courte navigation. Celui qui commande à la mer et aux vents leur a ouvert une voie au milieu des eaux. Je vous en envoie d'autres que je recommande aussi à la grâce du Seigneur. Ces dignes ministres sont la précieuse semence évangélique que le Père de famille a recueillie et conservée avec une sollicitude sans égale, pour la répandre dans son temps et avec mesure; recevés-les donc comme des anges de Dieu, qui vont vous évangéliser les véritables biens; puissois-je bientôt les suivre et travailler ensemble, dans la charité de Jésus-Christ, au salut de vos âmes ! (2) »

Le zélé pontife profita de cette occasion pour rappeler à ses diocésains que de même qu'il n'y a qu'une foi et qu'un baptême, il n'y a aussi qu'une autorité dans l'Eglise de Dieu, celle du Vicaire de Jésus-Christ et de ceux qu'il envoie. Il leur disait : « De faux frères impatients de tout joug, séparés depuis longtemps et feignant toujours d'être unis, ont égorgé le troupeau après l'avoir divisé. L'amour de la patrie était dans leur bouche, la haine de l'Eglise étoit dans leur cœur. Ses richesses n'ont pas échappé à leur cupidité et à leur folle ambition.

(1) Archives de la famille de Ruffo-Bonneval.

(2) *Ibidem.*

Dès lors, plutôt que de les voir rentrer dans ses mains, ils ont juré la ruine de la Religion ou de la concentrer dans leur secte. Rien n'a pu les retenir ; livres saints, traditions, conciles, décrets apostoliques, voix unanimes de cent trente évêques dispersés et déjà dépouillés, principes, règles, coutumes, honnêteté publique, mœurs, conscience, bonne foi, ils ont tout méconnu, tout bravé. Mais depuis cette affligeante séparation de nos frères, vous en avés vu revenir un très grand nombre parmi nous qui pleurent amèrement leur faute et qui comblent l'Eglise de joie. Il en est même sous la haire et le cilice, qui font retentir les solitudes de leurs gémissements. Avés-vous vu un seul de nous passer chez eux et s'asseoir dans leur chaire de pestilence ? »

Craignant ensuite que les succès des armées révolutionnaires, qui commençaient l'envahissement de l'Europe, ne fissent une trop vive impression sur les populations simples et rustiques de son diocèse, le prélat ajoutait : « Les nations s'égarent aussi, et le Seigneur dissipe leurs conseils, renverse leurs projets ; il répand sur elles la coupe de sa fureur ; il punit les grands crimes par les grands châtiments, d'autant plus terribles qu'il les cache sous l'apparence du succès. Ainsi le plus beau des empires livré à l'anarchie et aux factions, avancerait-il sa ruine, en reculant ses bornes, si une main habile autant qu'amie n'en prenoit bientôt les rênes ? (1) »

Puis revenant à l'objet principal de sa lettre pastorale, il disait : « Les prêtres que je vous envoie, mes très chers Frères, vous sont connus ; ils sont vos compatriotes, vos proches, vos amis ; ils méritèrent toujours votre estime et votre confiance, et que de nouveaux droits n'y ont-ils pas acquis ? Ils ne disputent pas, ils ne crient pas sur les places publiques ; ils ne règlent pas le sort des familles et des empires ; ils se refuseroient à un simple arbitrage entre deux frères, plutôt que de troubler l'ordre public. Gloire à Dieu dans le ciel et paix sur la terre aux hommes

(1) *Ibidem.*

de bonne volonté, c'est là leur cri de guerre ou plutôt leur saint cantique...... Un prêtre qui vous est envoyé par l'Eglise est l'ambassadeur de Jésus-Christ parmi les hommes ; il porte écrit sur son front : doctrine et vérité ; dans son cœur : droiture et charité. Si vous ne jugés pas son caractère et sa mission dignes de foi ; si vous voulés encore dominer sur sa conscience, tremblés qu'il ne secoue contre vous la poussière de ses pieds et qu'il ne porte à un autre peuple le bienfait dont vous vous montrés indigne..... »

« Pour moi, s'écriait enfin l'Evêque de Senez, quand me sera-t-il permis de me mettre à la tête de cette œuvre sainte et de vous porter, mes très chers Frères, les secours et toutes les grâces de mon ministère ? J'atteste le ciel de mon désir le plus ardent ; je l'atteste de la violence qui m'est faite. Vous m'êtes aussi témoins que je subis dans mon exil la rigueur des lois nouvelles. Vous savés que je n'ai cédé qu'à la force et à un arrêt de proscription, lequel je tiendrois à honneur s'il ne tournoit encore à la perte de vos âmes.... (1) »

VIII

Cependant l'approche des armées françaises, lançées par le Directoire en Italie et que le général Bonaparte conduisait de victoire en victoire, rendait le séjour de Rome très difficile ou impossible aux émigrés qui avaient tout à redouter des soldats de la république française. L'évêque de Senez dut quitter la ville éternelle où il avait reçu depuis cinq ans une noble et généreuse hospitalité. Il reprit donc le bâton de pèlerin ou plutôt d'exilé. Ce fut l'époque la plus pénible de son émigration. Il erra, inconnu, en diverses parties de la Toscane et revint à Rome dès que le pouvoir pontifical y eut été rétabli.

Le vertueux prélat ne pouvait prévoir l'épreuve qui l'y attendait. On sait que le premier Consul, après avoir réta-

(1) *Ibidem.*

bli l'ordre en France, pensa tout de suite à conclure, en 1801, un concordat avec Pie VII, le pape nouvellement élu. Une des grandes mesures que ce doux et pieux pontife crut devoir prendre dans l'intérêt de la religion et qui affirma si solennellement l'autorité du Saint-Siège sur toute l'Eglise catholique, fut la démission demandée à tous les évêques de France de leurs sièges pour la reconstitution de la hiérarchie ecclésiastique dans notre patrie. On ne pouvait pas exiger de Mgr de Ruffo-Bonneval, qui aimait si tendrement sa petite Eglise de Senez, et qui avait tant souffert pour elle, un plus grand sacrifice. Néanmoins, il n'eut pas un instant d'hésitation et la lettre qu'il adressa au Souverain Pontife en est la meilleure preuve (1).

« Très-Saint Père,

« Conformément au bref de Votre Sainteté du 15 août dernier, aux Évêques de France, je mets à ses pieds la démission de mon siège épiscopal de Senez; c'est, sans contredit, le plus incontestable témoignage de mon obéissance filiale et, qu'elle me permette de le dire, de ma plus tendre et de ma plus profonde vénération.

« Puisse notre dernière immolation attester et publier à l'univers catholique tout ce que l'épiscopat français a fait et tout ce qu'il est encore capable de faire pour procurer la paix et l'unité de l'Eglise, *obediens usque ad mortem*; puisse ce grand et

(1) On a dit que Mgr de Ruffo-Bonneval ne s'était pas cru entièrement séparé de son Église de Senez par l'acte pontifical et qu'il avait envoyé des pouvoirs à Mgr Dessoles, le nouvel évêque de Digne, pour la partie de ce diocèse qui comprenait celui de Senez. Mais il n'y a pas trace d'une pièce semblable aux archives de l'évêché de Digne où nous l'avons fait chercher vainement. Toutefois, dans son oraison funèbre du pieux prélat, M. Allemand, curé de Senez, dit de Mgr de Ruffo-Bonneval: « Il fut du nombre des évêques qui crurent devoir informer leurs diocésains qu'ils pouvaient communiquer avec les évêques substitués à leur place et qu'ils leur accordaient des pouvoirs autant qu'ils en avaient besoin. (p. 23). » Mais nous sommes portés à croire que ce respectable ecclésiastique a été mal informé, car il ajoute: « A la fin, l'Evêque de Senez se démit. » Or, nous venons de voir par sa lettre à Pie VII et par la prompte réponse de ce pontife que Mgr de Ruffo-Bonneval fut au contraire un des premiers évêques qui renoncèrent à leurs sièges pour obéir au Vicaire de Jésus-Christ.

unique exemple d'une soumission sans bornes au Vicaire de Jésus-Christ lui gagner tous les esprits et tous les cœurs, et les gagner tous à notre sainte religion, *ut omnes honorificent Filium sicut honorificant Patrem.*

« Je m'humilie profondément pour recevoir la bénédiction apostolique, Très-Saint Père.

« † J. M. S. Ev. de Senez

« Devant le tombeau des SS. Apôtres, 12 octobre 1801. (1) »

Le pape Pie VII, touché de la promptitude de cette obéissance, relevée encore per l'affection profonde de Mgr de Ruffo pour son Eglise, lui répondit, trois jours après, par la lettre suivante écrite tout entière de sa main et conservée religieusement dans la famille du prélat. En voici a tr aduction très littérale :

« Très-estimé Monseigneur,

« Nous ne saurions suffisamment vous exprimer la satisfaction que Nous éprouvons de vous transmettre le bref ci-annexé ; Nous vous dirons seulement qu'il est entièrement correspondant à la souveraine estime que Nous avons de vos mérites et de vos vertus ; et pour cela de beaucoup supérieur à toute expression de laquelle Nous pourrions user. Il est également vif et fort le désir que Nous nourrissons de pouvoir vous démontrer dans toute circonstance Notre paternelle affection. Ce sera pour Nous une chose très agréable de pouvoir vous assurer de ces sentiments de vive voix ; c'est pourquoi Nous attendons une visite de vous. En attendant, Nous vous donnons, avec la plus grande effusion de cœur, la bénédiction apostolique. »

« Pius, P. P. VII.

« Du Quirinal, 15 octobre 1801 (2). »

Un mois après, le Souverain Pontife écrivit encore à l'ancien évêque de Senez, qui l'avait félicité sur sa prise de possession.

(1) Montgrand, *Hist. généal. de la Maison Ruffo*, p. 429.
(2) *Ibidem*, p. 429-430.

« Très-estimé Monseigneur,

« Nous sommes bien sensible aux affectueuses expressions avec lesquelles vous vous êtes complu à Nous féliciter à l'occasion de Notre prise de possession et Nous y correspondons en ce moment avec les actions de grâces les plus vraies, désirant vivement que les occasions se présentent de vous démontrer, par les faits, Notre sincère reconnaissance. Vous pouvez venir Nous voir autant qu'il vous plaira et toutes les fois que vous le désirerez. Chacune de vos visites Nous sera certainement aussi agréable qu'est grande la vénération avec laquelle Nous regardons votre personne, infiniment respectable par tant de titres glorieux.

« Veuillez vous souvenir de Nous dans vos ferventes prières sur lesquelles Nous comptons et recevez la bénédiction apostolique que Nous vous accordons dans toute l'effusion de Notre cœur.

« Pius, P. P. VII.

« Du palais du Quirinal, 25 novembre 1801. (1) »

Non content de ces témoignages flatteurs d'une profonde affection, le Pape lui fournit un logement à Saint-Louis des Français et lui fit payer une pension convenable. Aussi lorsque, l'année suivante, le ministre de France à Rome, le sieur Cacault, lui proposa, par l'intermédiaire de l'abbé Montel, supérieur de cette maison, de rentrer en France et d'être réintégré dans ses biens ou de recevoir une pension, à la seule condition de prêter serment au nouveau gouvernement, il fit, le 7 septembre 1802, la réponse suivante, où l'on doit admirer autant la fierté du gentilhomme que l'abnégation de l'évêque : « En donnant au Souverain Pontife la démission de mon évêché de Senez, qu'il m'a demandé avec supplication, *rogamus, obsecramus, obtestamur*, j'ai voulu *uniquement* obéir à la voix du Vicaire de Jésus-Christ et tranquilliser ma conscience. Si, malgré ce dernier sacrifice, le plus douloureux de tous, que j'ai fait à la paix de l'Eglise et de

(1) Montgrand, *Ibidem*, p. 430.

ma patrie, les portes de la France me sont fermées à jamais, si cela ne suffit pas pour y rentrer, j'espère et je suis sûr que les bras de la divine Providence me seront toujours ouverts. Quand elle nous a appris à lui demander notre pain de chaque jour, elle s'est engagée à nous le donner, en tout temps et par toute la terre, *Domini est terra et plenitudo ejus*.

« Je n'ai pas d'autre réponse à faire à ce que M. le Supérieur de la maison de Saint-Louis m'a montré ce matin et m'a proposé de signer de la part du gouvernement français (1). »

Cependant il craignit, dans sa délicatesse de conscience, d'avoir parlé trop hautement et sans avoir consulté le Saint-Siège, qui était alors en assez bons rapports avec le premier Consul. Aussi, le 1er avril 1803, il écrivit une lettre respectueuse au Saint-Père où il exprimait la crainte de lui avoir déplu en prenant cette détermination sans lui avoir demandé son consentement. « Evêque nommé par le roi de France, disait-il, il éprouvait une répugnance invincible à recevoir une pension du nouveau gouvernement. » Le cardinal Consalvi, secrétaire d'état, qui aimait et vénérait Mgr de Ruffo-Bonneval, lui répondit au nom de Sa Sainteté que cette conduite avait eu sa pleine approbation (2).

IX

Notre prélat avait donné, à peu près à la même époque, une autre preuve très remarquabls de son absolu dévouement au Saint-Siège. Nous la trouvons dans la lettre qu'il écrivit, le 25 septembre 1802, à l'auteur du livre ou

(1) Montgrand, *Ibidem*, p. 423-424.

(2) L'auteur de la *France pontificale* prétend que le cardinal Consalvi fit toucher à l'ancien évêque de Senez la pension du gouvernement français avec celle du Pape. C'est une erreur, comme une démarche du prélat nous le montrera plus loin. Les bons rapports de cette Eminence avec Mgr de Ruffo-Bonneval durèrent jusqu'à la mort du grand cardinal, qui lui légua plusieurs tableaux de prix.

plutôt du pamphlet *De la Considération, au pape Pie VII.* Dans cet ouvrage, on combattait, avec une hardiesse téméraire et très inconvenante, la grande décision du Souverain Pontife pour la démission générale de l'épiscopat français. Cet écrivain était des amis de Mgr de Ruffo-Bonneval ; aussi le prelat le traite-t-il sans façon et avec une verve justement indignée. « Je ne vois pas, lui dit-il, le *cui bono* de votre ouvrage et personne ne le voit. Si le mal, que, selon vous, doit produire cette mesure n'est pas sensible et évident, en semant la division entre le Pape et les évêques, et entre eux ; s'il n'est pas capable de détruire l'édifice de l'Eglise jusque dans ses fondements, *si fieri potest,* rien ne vous obligeoit, vous très simple particulier, de traiter *ex professo* cette grande question ; et permettés-moi de vous dire que je ne me reconnois pas pour le prélat qui vous l'a proposée, dites-vous ; où, dans ce cas là, j'aurois fait bien peu d'honneur à votre savante consultation. Vous vous annoncés pour discuter la matière en historien, en théologien et en politique, annonce vraiment imposante. On a vérifié que vous faisiez venir d'un peu loin le pape saint Melchiade et qu'il vivait cent ans avant l'époque où vous le placés pour votre plus grande commodité ; voilà pour l'historien. On doute fort qu'un bref, donné avec la plus grande publicité, soit *obreptice et subreptice*, comme vous le dites crûment ; voilà pour le théologien. Quant au politique, on ne lui dispute rien ; vous foites le preux et le valeureux, *quasi juvenculus indomitus.* Vous trouvés qu'il est beau de périr sur la brèche ; mais croyés-vous qu'il n'y ait aucun mérite à en descendre à la voix du général ? Nous y étions aussi et nous sommes prêts à y remonter. Si l'Eglise est comparée à une armée, rangée dans le plus bel ordre de bataille, quoi de plus simple et de plus nécessaire que d'obéir aux chefs..... (1).

(1) Montgrand, *Histoire généalogique de la maison Ruffo*, p. 432-437.

Puis il montre à cet écrivain audacieux plusieurs des excellentes raisons qui justifiaient cet acte extraordinaire et il ajoute : « Pour moi, il me suffit de concevoir que la voie des démissions, bien qu'extraordinaire et violente, soit possible par elle-même, qu'elle ait été proposée par les évêques dans certains temps et nécessitée par les circonstances du moment ; je n'ai ensuite qu'à me bien persuader que le Pape a sur moi une autorité de droit divin imprescriptible, *pasce oves meas.* Ne pourroit-on pas dire aussi, sans fausse humilité, qu'il est toujours louable de descendre d'une place où l'on n'auroit peut-être jamais dû monter ? On se le dit à soi et pour soi, et non aux autres et pour les autres... Avant d'oser dire, écrire et publier qu'il n'y avait *ni vertu, ni héroïsme* dans les évêques qui se sont montrés soumis au chef suprême de l'Eglise, il faut être à leur place pour le savoir, ou plutôt Dieu seul le sait. Vous ne les comparés pas sans doute à des écoliers qui tremblent devant la férule, ou à des mercenaires qui ne cherchent que le *pugillum hordei et fragmentum panis ;* non, non, Monsieur le docteur, et sachés que leur soumission a été raisonnée autant que raisonnable, *rationabile obsequium vestrum...* (1). »

Le prélat lui dit encore avec une juste sévérité : « Quant à votre manière vraiment neuve de chapitrer le Vicaire de Jésus-Christ, je vous dirai simplement que tous ne sont pas saint Bernard. Le grand abbé de Clairvaux pouvait dire à son élève : *Mon cher fils Bernard, devenu mon père Eugène,* et il pouvait en conséquence lui tracer, en tout respect, un plan de conduite dans sa grande élévation. Etes-vous donc au lieu et place et au degré de perfection de saint Bernard vis-à-vis de Pie VII, et ce pontife a-t-il été formé à votre école ? De toutes les défectuosités que présente votre ouvrage, celle-là est bien la plus révoltante et qui afflige le plus sensiblement. On se demande, dans le plus grand étonnement, qui peut écrire

(1) Montgrand, p. 434.

ainsi au pape. Vous n'aviés aussi qu'à vous demander : qui suis-je ? *quis sum ego ?* »

Le Prélat termine sa critique mordante par ces sages réflexions : « On nous reprochoit depuis longtemps, au sujet de toutes les formules de soumission au gouvernement français que nous avons constamment condamnées, de vouloir prévenir les décisions du pape ou de nous élever contre elles en voulant faire prévaloir la nôtre ; aujourd'hui ces mêmes personnes nous font un reproche de nous soumettre de plein gré et sans réserve à l'autorité du Saint-Siège que nous avons toujours été les premiers à invoquer et à défendre. Voilà les hommes ; ils jugent toujours d'après l'impression du moment et jamais d'après les principes de tous les temps. Celui de la soumission au chef suprême de l'Eglise a bien certainement son excuse légitime dans le cas présent, s'il n'a pas son application parfaite. Je sais qu'il y a bien des craintes à avoir, que la barque est dans le plus grand danger ; mais que sommes-nous pour vouloir mettre des bornes à la puissance et aux miséricordes du Seigneur, et n'a-t-il pas promis une assistance particulière à son pilote : *Ego rogavi pro te* (1). »

Il est à regretter que cette forte et curieuse lettre, qui montre si bien les excellents principes de l'ancien évêque de Senez et son dévouement au Saint-Siège ne soit pas plus connue. Nous l'avons citée longuement pour faire voir à nos lecteurs que Mgr de Ruffo-Bonneval savait payer la généreuse hospitalité du Pape en embrassant avec ardeur tous les intérêts de sa cause.

X

Notre prélat avait fait, on s'en souvient, plusieurs séjours à Viterbe durant ses courses errantes en Toscane. L'accueil sympathique qu'il y avait reçu de l'évêque et des habi-

(1) Montgrand, p. 436-437.

tants l'engagea à y passer l'été de 1803, à cette époque de l'année où les grandes chaleurs rendent Rome à peu près inhabitable, surtout pour des étrangers. Il y retourna les étés suivants jusqu'à l'année 1808 où il y fixa définitivement sa résidence. L'aménité de son caractère, la distinction native de ses manières et ses rares vertus, non moins que la compassion pour ses longues épreuves, l'y firent aimer et estimer de tous.

Quoique bien éloigné de son ancien diocèse, le pieux évêque entretenait toujours, soit de Rome, soit de Viterbe, des relations avec quelques-unes des personnes qui furent ses ouailles. Son correspondant le plus fidèle et le plus dévoué était le sieur Casimir Reynard, neveu du vénérable archidiacre de Senez, massacré, on l'a vu, par les révolutionnaires en haine de la foi catholique. Il l'aimait beaucoup et lui écrivait, le 8 juin 1803 : « Ma tendre affection pour le neveu sera toujours égale à ma profonde vénération pour l'oncle (1). » C'est à lui qu'il disait, à l'occasion du mélange, plus politique que religieux, fait par le nouvel empereur, des prêtres catholiques et des prêtres constitutionnels pour le service des paroisses : « Je blâme et condamne hautement certains choix de la nouvelle organisation. Je ne conserve point d'animosité contre les personnes ; mais je brûle toujours du même zèle pour l'honneur de notre foi, qui ne souffre pas plus un vil amalgame dans ses ministres, que d'altération dans sa morale et de corruption dans ses dogmes. A tout péché miséricorde, sans doute, mais non impunité. Eloignés-vous donc (des constitutionnels) comme d'une peste et j'en dis autant de tous ceux qui voudront m'écouter ; éloignés-vous de mille lieues de ces prêtres obstinés dans leurs erreurs et qui se vautrent dans leur bourbier ; qui n'ont été établis par surprise que pour massacrer et pour perdre (2). Je les nommerois s'il était besoin, mais vous les connoissés.... (3) »

(1) Lettre autographe conservée à Senez dans la famille Reynard.
(2) Joan. X, 10.
(3) Ceux qui liront les importants *Mémoires* du cardinal Consalvi

Malgré ces sentiments d'énergique répulsion pour les prêtres qui avaient pactisé avec l'erreur et que des raisons politiques mêlaient aux prêtres fidèles, le gouvernement impérial voulut faire payer à Mgr de Ruffo-Bonneval une pension comme ancien évêque français. Napoléon Ier n'osa pas, il est vrai, lui en faire la proposition directement et employa un moyen détourné. C'est le prélat qui nous l'apprend lui-même : « Le 15 juillet 1806, M. l'abbé Montel, supérieur de la Maison de Saint-Louis (à Rome), m'a donné à entendre que M. Alquier, ministre de France auprès du Saint-Siège, étoit favorablement disposé à me faire attribuer une pension sur les revenus de Saint-Louis, comme il avoit fait augmenter les honoraires des chapelains. J'ai répondu de suite que je tenois du pape et du cardinal Lorenzana mon logement à Saint-Louis depuis le 13 juin 1801 , que je préférois aussi une *aumône papale* à un *traitement impérial*, et que j'avois l'honneur de remercier M. le Ministre de France de sa bonne volonté pour moi (1). »

Le puissant empereur ne se tint pas pour battu par ce refus si fier et si désintéressé. Deux ans plus tard, lors de l'enlèvement du pape de Rome, il fit renouveler la tentative, tant l'admirable conduite de l'évêque de Senez devant le tribunal révolutionnaire et l'éclat de ses vertus l'avaient impressionné. Par son ordre, M. de Gérando chargea le sous-préfet de Viterbe, M. Zelli, d'aller trouver notre prélat et de lui dire : « Sa Majesté Impériale ne veut pas qu'un évêque français soit dans le besoin et Elle entend lui faire la même pension que le Pape. » Mgr de Ruffo-Bonneval répondit qu'il croirait manquer à son souverain légitime en acceptant l'or de l'usurpateur. Napoléon Ier

(T. 1, p. 427-434) ne seront pas étonnés de la véhémence de ces reproches adressés aux prêtres constitutionnels. Ces nominations malheureuses imposées par Napoléon Ier et acceptées par la faiblesse du cardinal-légat Caprara, furent profondément déplorées par le pape Pie VII et par tous les vrais catholiques.

(1) Montgrand, *Histoire général. de la Maison Ruffo*, p. 424.

n'en eut que plus d'estime pour lui ; il comprenait le sentiment d'honneur qui avait dicté ces paroles (1).

Ce fut l'époque la plus critique de l'exil du prélat, après celle qui suivit l'enlèvement de Pie VI, car ne recevant plus rien du Pape et ne voulant rien devoir au geôlier de Pie VII, il se trouva à Rome sans ressources. Mais la Providence vint à son secours par la main de son frère, l'abbé Sixte de Ruffo-Bonneval, qui habitait alors Vienne en Autriche. Il nous l'apprend, dans une lettre du 16 avril 1820, où il déplore la mort de cet excellent frère : « Sans lui, écrit-il, j'allois à l'hôpital quand le Pape étoit en France et que je manquois de tous secours. Je ne lui demandois rien cependant ; mais il me prévint et me surprit en me faisant compter cinq cents écus romains qui m'ont fait vivre pendant cinq ans. Ce sont là des souvenirs qui restent et ne s'effacent jamais (2). »

Notre prélat ne voulut pas être témoin des derniers excès que l'ambition despotique du nouveau César allait commettre dans la capitale du monde catholique. Il se retira donc définitivement à Viterbe, comme nous l'avons dit, dans le cours de l'année 1808, et sa présence y réjouit tous les partisans de la Papauté et de l'autonomie des Etats pontificaux. L'ancien évêque de Senez y vécut dans une grande simplicité, mais rendit de grands services au diocèse de Viterbe. Il se plaisait à remplir les fonctions épiscopales à défaut de l'Ordinaire, prêchait et confessait comme un simple missionnaire, même dans les diocèses voisins (3). L'Eglise de Viterbe ne s'aperçut pas, grâce à son zèle, de l'absence prolongée de son évêque, Mgr Severoli, alors nonce à Vienne et depuis cardinal (4).

(1) Montgrand, p. 425.

(2) Archives du marquis de Ruffo-Bonneval.

(3) « Le Ciel semblait l'avoir envoyé pour adoucir la viduité de toutes les Églises de cette province, privées de leurs pasteurs à cause des troubles de l'époque. Il courait de diocèse en diocèse, administrant les sacrements et laissant partout un doux souvenir de ses vertus et de sa bienfaisance. » — *Notice mss.* par le chan. Gibert, curé de Senez, 1885.

(4) Montgrand. *Hist. généal. de la Maison Ruffo*, p. 424.

XI

Lorsque l'abdication de Napoléon à Fontainebleau eut permis à Louis XVIII de remonter sur le trône de ses pères, les habitants de la ville de Senez et ceux de Castellane, qui n'avaient pas oublié leur ancien pasteur, tournèrent leurs regards vers Viterbe, et les conseillers municipaux de ces deux cités rédigèrent une supplique au roi pour que Mgr de Ruffo-Bonneval leur fut rendu. Ils communiquèrent cette demande à leur ancien évêque, en le suppliant de vouloir bien l'appuyer lui-même auprès du monarque. Celui-ci leur répondit, le 22 novembre 1814, par la lettre suivante que nous croyons devoir reproduire en entier, parce qu'elle exprime bien toute la pensée du vénérable prélat :

« Messieurs,

« Je n'ai reçu qu'hier votre délibération du 10 septembre et la lettre de M. le Maire qui l'accompagnoit du 20 octobre. Votre supplique au Roy pour demander que je redevienne votre premier pasteur est le titre et le souvenir le plus honorable que je puisse laisser après ma mort. Mais je crains, Messieurs, de ne pouvoir répondre dignement à vos désirs et à ce que vous attendés de moi. Le temps qui détruit tout m'a tout ôté, excepté mon inviolable attachement pour une Eglise dont la violence seule pût m'arracher et que je remis ensuite au Pasteur universel, dans l'impossibilité démontrée où j'étois de la gouverner. Un repos ou pour mieux dire une inaction de vingt-cinq ans, après trois années seulement d'exercice, au plus fort de la persécution, m'a rendu tout à fait inhabile de rentrer dans la carrière, quoiqu'elle s'ouvre de nouveau sous les auspices du Fils très chrétien de saint Louis. Tout à peu près sera à refaire dans des diocèses d'une si vaste étendue; et si celui de Senez est rétabli et agrandi suivant votre plan, que de visites et de courses à cheval pour le parcourir, que mon âge et ma santé ne me permettent plus de faire. *Inveteravi in terra aliena et infirmata est in paupertate virtus mea.* Je ne refuse cependant pas le travail si j'en suis encore capable et je demande à Dieu que sa sainte volonté s'accomplisse sur moi. Quoiqu'il arrive, ma plus grande consolation sera de vivre dans votre mémoire, comme je ne cesse aussi de vous offrir au Seigneur, tous les dimanches, au saint sacrifice de nos autels que j'applique toujours pour mon ancien diocèse, depuis que j'en suis éloigné, comme quand j'y étois. Si je meurs dans la grâce de mon Dieu, je vous présenterai, avec une nouvelle ardeur, devant le trône de sa miséricorde et, sûr de mon bonheur, je serai encore inquiet pour le vôtre. *de mea immortalitate securus et de vestra salute sollicitus.*

« Je suis, Messieurs, avec ces sentiments, gravés dans mon cœur, votre très humble et très obéissant serviteur.

« † J.-B[te] MARIE SCIPION, *ancien Ev. de Senez.*

« *Viterbe, 22 novembre 1814* (1). »

Ce refus paralysa la bonne volonté de tous ceux qui auraient voulu à Rome, en Provence et à Paris voir placer sur le siège épiscopal d'une grande ville, ce pontife, qui avait su se faire craindre des révolutionnaires et admirer de Napoléon Ier. Mais, trois ans plus tard, à l'époque du Concordat de 1817, ils renouvelèrent leur tentative, sans en prévenir l'ancien évêque de Senez, et Louis XVIII proposa au Saint-Siège Mgr de Ruffo-Bonneval pour l'archevêché d'Avignon.

(1) Lettre autographe conservée par M. Collomp, curé de Saint-Jacques, près Barême.

Avisé de cette nomination par le comte de Blacas, ambassadeur à Rome et son ami, notre prélat se hâta d'écrire au cardinal de Talleyran-Périgord, archevêque de Paris, qui avait la feuille des bénéfices, pour refuser, une seconde fois, la charge de l'épiscopat. « Autant, disait-il, je me sens pénétré des bontés de Sa Majesté, autant il m'en coûte de ne pouvoir y répondre dignement. Si j'ai pu à l'âge de 41 ans, sans trop présumer de moi, me croire en état de gouverner un petit diocèse, quand notre sainte religion, plus honorée et mieux pratiquée, rendoit moins pesant et moins responsable le ministère des premiers pasteurs, à celui de 70 ans, toujours plus faible de santé et de moyens, je dois trembler devant une charge d'âme, la plus redoutable et la plus onéreuse dans ce temps prédit où *les hommes ne peuvent plus souffrir la saine doctrine*. Ils s'étonnent aujourd'hui, ils s'irritent même de nous entendre dire, enseigner et prêcher qu'il n'y a de salut que dans l'Eglise catholique, et que Dieu a voulu nous réunir tous dans la profession d'une même foi et dans l'exercice d'un seul et même culte, sous la conduite de l'autorité sacrée à qui lui-même a dit : « *Qui vous écoute m'écoute*, et *je suis toujours avec vous*. « Nous ne pouvons cependant pas biaiser sur ce point, ni composer en aucune manière ; le plus sûr et le plus sage pour moi est la retraite. Je m'y dévoue pour le plus grand bien du vaste diocèse d'Avignon, qui demande *un prophète puissant en œuvres et en parole, qui arrache et qui détruise, qui édifie et qui plante*. J'ai dû confier ma peine et soumettre mes raisons au premier Pasteur de nos âmes et j'ai été laissé *dans la main de mon conseil* par celui qui, pouvant commander, ne domine jamais. Mais si je ne puis pas prendre mon rang dans l'épiscopat français, je lui resterai toujours étroitement uni, offrant avec lui, sans intermission, des vœux et des sacrifices pour Sa Majesté très chrétienne.... (1). »

(1) Montgrand. *Histoire généal. de la Maison Ruffo*, p. 419-420.

Ce fut en vain que le comte de Blacas, qui avait pour Mgr de Ruffo-Bonneval une profonde vénération et qui avait tout employé pour amener cette nomination, lui écrivit : « Votre refus d'accepter le siège auquel le roi vous a nommé, m'a fait une véritable peine. Je puis vous assurer qu'elle est partagée par tous ceux qui ont l'honneur de vous connaître et que le Saint Père a daigné m'en parler lui-même avec un sensible regret. Les habitants d'Avignon qui vous attendaient avec autant d'empressement que de joie, seront bien affligés d'un refus qui, après tant de malheurs, les laisse encore dans l'incertitude sur celui qui sera appelé à réparer les maux qu'ils ont soufferts. Plus je prends intérêt à cette ville et plus je vous regrette pour elle ; je m'étais trouvé heureux d'être à porté de contribuer au choix du digne pasteur que le roi lui destinait.... (1). »

Malgré ces regrets et ces honorables instances, l'ancien évêque de Senez demeura inébranlable dans sa résolution de n'accepter aucun siège en France. Cependant, pour adoucir ce que ce refus avait eu de douloureux pour le diocèse d'Avignon, il écrivit, le 2 octobre 1817, aux grands Vicaires de cette métropole : « Je n'étois plus archevêque d'Avignon quand j'ai reçu la lettre que vous m'avés fait l'honneur de m'écrire le 9 septembre. J'avois écrit la veille à son Eminence le Cardinal de Périgord pour le prier de mettre mes actions de grâce et mes excuses en même tems aux pieds de Sa Majesté très chrétienne ; j'espère qu'elle les agréera dans sa grande clémence. David refusa des armes dont il n'avoit pas l'usage ; puissoi-je aussi, comme lui, me présenter au combat au seul nom du Seigneur ; une inaction de vingt-cinq ans m'a énervé en quelque sorte. Je me vois donc obligé à renoncer à une succession embrouillée qui serait pour moi la plus onéreuse. Mes vœux pour la ville et le diocèse d'Avignon sont ceux que je ferais pour mes propres ouailles ; je ne cesse-

(1) Moutgrand, p. 418.

rai aussi de prier pour cette portion si précieuse de la Vigne du Seigneur ; si je ne puis la cultiver, je me glorifierai toujours d'y avoir été destiné.... (1) »

Notre prélat écrivait aussi à son frère l'abbé de Ruffo-Bonneval, dans la même occasion : « Je n'éprouve aucun regret du refus d'Avignon.... Je vous prierai de me dire comment ma renonciation a été accueillie par le cardinal de Périgord, qui n'est pas mon ami, comme il est le vôtre, parce qu'il me regarde comme un gros ultramontain à faire peur.... Vous me dirés aussi votre avis sur ma lettre périgourdaine, sans me flatter ; j'aurais dû vous consulter avant de l'envoyer, mais je n'ai pas eu le tems.... (2) »

C'était donc bien fini, et personne n'osa plus chercher à ébranler la résolution du vénérable prélat, qui demeura paisiblement à Viterbe jusqu'à sa sainte mort. « Il ne voulut jamais, dit le comte de Montgrand, rentrer en France, car il pensait, comme ses frères et toute sa famille, que la révolution n'était pas finie, et que, loin de la détruire, on la favorisait. En 1830, il fit remarquer que les événements justifiaient ses prévisions.... (3) »

XII

L'affection que l'ancien évêque de Senez gardait pour sa pauvre Eglise était peut-être, au fond, le motif principal qui lui faisait refuser avec tant d'abnégation l'illustre siège d'Avignon ; car il écrivait dans ce même moment à un de ses meilleurs amis : « Que l'on me rende ma pauvre Eglise de Senez ! Oh ! si elle redevenoit ce qu'elle fut dans ses anciens jours, comme je courrais vers elle ! comme je l'embrasserai ! Elle est petite, elle est pauvre, elle est per-

(1) Montgrand, p. 421.
(2) *Ibidem*, p. 422-423.
(3) *Ibidem*, p. 423.

due dans les montagnes; mais c'est l'épouse de ma jeunesse, c'est mon unique. Je suis et je serai à elle seule, à la vie et à la mort (1). »

Cet amour si tendre et si persévérant se traduisait autrement que par des paroles de regrets affectueux. « De même, écrit le chanoine Gibert, qu'un père de famille, quoique éloigné des siens, ne saurait les oublier et s'enquiert, le plus souvent qu'il peut, de l'état de son épouse, de ses enfants, de ses affaires domestiques, pareillement Mgr de Ruffo-Bonneval prenait une part très vive à tout ce qui intéressait ses anciennes ouailles. Plusieurs fois par an, et cela jusqu'à sa mort, il s'informait de la position du clergé de Senez et des besoins des fidèles pour les aider de son mieux. »

Dans l'état de pauvreté (2) où il était réduit, il s'imposait les plus dures privations pour venir en aide aux pauvres de son ancien diocèse. Il vivait lui-même pour ainsi dire d'aumônes, malgré la petite pension que lui servirent successivement Léon XII, Pie VIII et Grégoire XVI, et durant plusieurs années de son exil, il se trouva à la charge, en grande partie, de son vertueux et dévoué secrétaire, l'abbé Antoine Espagnet, qui n'avait jamais voulu quitter son évêque et qui se servit des ressources, mises par la Providence à sa disposition, pour soulager les vieux jours du saint prélat. C'était par l'entremise de M. Allemand, curé de Senez, que Mgr de

(1) *Notice mss.* par M. le Chanoine Gibert, curé de Senez. — V. aussi l'*Oraison funèbre*, par M. Allemand, p. 24.

(2) Dans une lettre du 1er octobre 1830, il écrit à M. Reynard, son fidèle correspondant : « Pour moi, je suis nud comme quand je suis né. J'aurais peut-être encore (assez) pour finir mes 84 ans; mais je ne crois pas pouvoir aller plus loin. Alors j'aurai tout gagné. Priés pour moi, mort ou vivant. » La pauvreté du charitable prélat lui était pénible surtout parce qu'elle l'obligeait de restreindre ses aumônes. Le 26 juin 1833, il écrit au même M. Reynard : « Je suis ici suffoqué de voyageurs à la besace prêtres, moines, femmes, aventuriers de toutes sortes, et sans pouvoir rien donner. » Puis il ajoute : « J'ai perdu mon valet de chambre, qui me servoit ou plutôt me voloit depuis trente ans. Je l'ai pris en quelque sorte sur le fait. » Autographes conservés à Senez.

Ruffo-Bonneval faisait passer ses aumônes, et il lui envoya en une seule fois une somme de 2,000 francs. Dans une lettre adressée à M. Reynard, son enfant de prédilection, il disait : « Mon cher Casimir, quelle n'a pas été ma joie aujourd'hui. Je me vois en possession de 1,500 francs, qu'on vient de me remettre. Je me hâte de vous les faire passer pour mes pauvres de Senez.... (1) »

En 1822, le charitable évêque put disposer encore d'un millier de francs ; aussitôt il pensa à ses anciens diocésains et fit parvenir cette somme aux administrateurs de l'hospice de Senez. Ceux-ci se hatèrent de remercier le vénérable évêque qui leur répondit, le 7 mars 1822, en ces termes affectueux : « Je suis infiniment sensible, Messieurs, aux remercîments que vous m'avés adressés très gratuitement. Ils surpassent le don. Je ne puis les attribuer qu'à votre zèle et à votre grand amour pour les pauvres. A ce titre, je les reçois avec grand plaisir et reconnaissance, Je suis plus encore récompensé et consolé de vous voir persévérer dans notre sainte religion et dans la pratique de ses vertus. Je crois vous avoir montré et prouvé, dans les tristes événements qui m'ont séparé de vous, que nous devions tout sacrifier pour elle. Mais si je ne suis plus votre évêque, j'en conserverai toujours la plus tendre sollicitude pour le bonheur et le salut éternel de vos âmes.... (2) »

En 1830, it fit don d'une pareille somme à l'hôpital de Castellane. C'est lui-même qui nous l'apprend : « ... Avés-vous su, mon cher Casimir, que j'avois donné mil francs à l'hôpital de Castellane pour les pauvres de mon ancien diocèse, depuis le Bourguet jusqu'à Allor ; c'est, ce me semble, la longueur du diocèse. Si vous connoissés MM. les administrateurs, je vous oblige de les leur recommander pour quelque allocation particulière et principalement ceux de Senez (3). »

(1) *Notice mss.* par le chanoine Gibert.
(2) Autographe conservé à Senez.
(3) Lettre autographe du 3 janvier 1830. *Ibidem.*

Jusqu'à la fin de sa vie, Mgr de Ruffo conserva cette tendre affection pour son petit diocèse d'autrefois. Lorsqu'en 1837 la voûte de l'église cathédrale de Senez s'écroula en partie, du côté de la grande porte, il en éprouva le plus vif chagrin, et, ne pouvant réparer cette ruine, il écrivit au ministre des cultes, en employant les bons offices de son ami l'ambassadeur de France, et le pressa vivement de réclamer lui-même des secours pour la restauration de cette belle église. Sa démarche ne fut pas inutile, et les fonds, envoyés par le ministère, purent préserver de la ruine ce remarquable vaisseau (1).

Nous trouvons encore dans une lettre du 28 avril 1831, ces paroles qui montrent bien la constante affection de Mgr de Ruffo-Bonneval pour sa pauvre Eglise : « Il n'y a pas de jour que je ne pense à mon très cher et ancien troupeau pour l'offrir à Dieu, et de toute la longueur du bras, de toute l'amplitude du cœur je lui dis : *Benedictio Dei omnipotentis sit semper super vos.* »

Enfin voulant se survivre à lui-même dans cette affection vraiment épiscopale, il écrivit au curé de la ville de Senez, devenue un simple chef-lieu de canton, pour le prévenir de quelques dispositions testamentaires en faveur de sa paroisse et lui fit don, entre autres legs, de sa mitre, de sa crosse, d'une riche chasuble et d'une ceinture brodée d'or, sans parler du riche ostensoir qu'il lui avait déjà envoyé (2).

XIII

Cet amour si profond que notre vénérable évêque portait à ses anciennes ouailles était tout surnaturel. Mais il

(1) *Notice mss.* par le chan. Gibert. *Eloge funèbre*, p. 25.

(2) *Ibidem.* — Malheureusement, écrit le curé actuel de Senez, ces objets que l'on aurait dû conserver, presque comme des reliques, ont été vendus.

n'affectionnait pas moins les membres de sa famille naturelle et tous ses amis. Nous voulons en donner quelques preuves, tirées de sa correspondance.

Celui qu'il plaçait le premier, dans cette affection si légitime, était son troisième frère, l'abbé Sixte de Bonneval, qui avait, nous l'avons dit, refusé l'épiscopat (1). Cet ecclésiastique d'un rare mérite fut, par deux fois, député aux assemblées du clergé en 1765 et en 1775. Plus tard, il fut aussi envoyé par les électeurs de son ordre aux Etats généraux de 1789.

Naturellement, l'abbé de Bonneval siégea au côté droit de cette assemblée et fit les motions les plus favorables au bien de l'Eglise et de l'Etat. Il publia en outre plusieurs écrits véhéments pour combattre certaines mesures prises par l'Assemblée nationale et qui étaient aussi désastreuses pour le royaume qu'hostiles à la religion (2). Il combattait surtout avec énergie la constitution civile du clergé, et le pape Pie VI lui en témoigna sa très vive reconnaissance.

On voit que les deux frères montraient le même courage et le même dévouement pour la bonne cause. Aussi eurent-ils le même sort. L'abbé de Bonneval, obligé d'émigrer, se rendit d'abord en Allemagne, puis à Naples où il retrouva plusieurs branches de son illustre famille, et enfin à Rome. Il se trouvait dans la capitale du monde catholique à la mort du cardinal de Bernis, dont il publia la biographie. Il la présenta à Pie VI, qui lui fit le meilleur accueil. Peu après, il se retira à Vienne, en Autriche, qu'il ne quitta plus. Nommé, en 1808, chanoine de l'insigne chapitre cathédral de Saint-Etienne,

(1) Il fut d'abord, à l'âge de 47 ans, chanoine de la métropole de Paris, puis il devint vicaire général de Macon et, en 1796, chevalier de Malte.

(2) La liste de ses écrits politiques et religieux est assez longue. Voici les principaux :

1790. *Trois lettres à ses commettants.*

1791. *Remontrances au Roi par les bons Français.*

1791. *Doléances au Roi. — Avis aux puissances.*

1793. *Réflexions d'un ami des gouvernements et de l'obéissance.*

l'abbé de Bonneval y reçut jusqu'à sa mort une pension du roi Louis XVIII. C'est à Vienne que le docte et pieux chanoine publia plusieurs écrits sur le Concordat qui furent très appréciés de Pie VII. Il avait offert à ce pape ses publications contre la Révolution réunies en volumes et le Souverain Pontife l'en fit remercier par le cardinal Consalvi (1).

L'ancien évêque de Senez, quoique lui-même exilé, s'apitoyait sur le sort de son frère, bien isolé dans la grande capitale de l'Autriche, et sur le triste état de sa santé. Il écrivait au marquis de la Fare, son frère aîné : « ... Je reçus hier une lettre de Sixte, la plus déplorable. Il la finit en me disant que je n'aurai peut-être plus de ses nouvelles que par son exécuteur testamentaire... Depuis trois ans qu'il a perdu la vue, ses souffrances sont grandes et continuelles. Sa santé a toujours été aussi des plus misérables. Si je le voyois, je ne le reconnaîtrais peut-être pas. Il me fait la plus grande peine dans son état d'abandon et d'isolement, sans société aucune, n'ayant que celle des Allemands, dont il ignore la langue et goûte peu les manières. Il en est une presque barbare, pour ne pas dire inhumaine. On ne fait point, à Vienne, la visite des malades, même entre amis et connaissances. Je ne doute pas qu'il n'y ait dans la ville impériale quelques Français, mais ce ne seront pas ceux qui lui conviendraient, et il est permis, aujourd'hui, d'être difficile dans le choix (2)... »

(1) Dans sa lettre, le secrétaire d'Etat dit au chanoine publiciste : « Sa Sainteté veut que vous soyez persuadé qu'il ne cédera point à son saint et glorieux prédécesseur en ce qui regarde sa bonté et sa bienveillance envers votre digne personne... » Montgrand, *Histoire généalogique de la maison Ruffo*, p. 431-432. Les écrits du noble chanoine ont été réimprimés par l'abbé d'Auribeau dans ses *Mémoires pour servir à l'histoire de la persécution en France*, recueillis par les ordres de Pie VII.

(2) Archives de la famille Ruffo, lettre autographe du 16 octobre 1819. Le prélat ajoute : « S'il n'y avait ici que M. Lucien Bonaparte avec sa nombreuse postérité, je ne verrais personne. Je porte le lys à cause de lui et pour lui faire tourner le dos, si je le rencontre... »

L'abbé de Bonneval mourut plein de jours et de mérites à Vienne, le 1er mars 1820. L'évêque, son frère, le pleura longtemps, car il l'aimait tendrement et se plaisait à prendre ses conseils. Dans une lettre du 16 avril 1821, au marquis de la Fare, il s'exprime en ces termes sur le chanoine de Vienne : « ... Oui, notre très cher frère Sixte est mort entièrement le 1er mars, car il l'étoit à moitié, depuis qu'il avoit perdu la vue ; il a signé cependant la dernière lettre qu'il m'a écrite pour m'annoncer son testament et sa mort prochaine. Je le pleure depuis un mois et je le pleurerai longtemps... Si je dois me consoler de sa perte, c'est en pensant qu'il est mort dans les bras de la Religion... J'ai renoncé à ma part de sa succession et je me contente d'un reliquaire de saint Hilarion et de sainte Elisabeth, patrons de notre père et de notre mère, avec un crucifix sur lequel il a expiré et qui recevra aussi mon dernier soupir (1)... »

XIV

L'affection de notre prélat pour son frère Charles de Ruffo-Bonneval, marquis de la Fare, le chef de sa famille, n'était pas moins tendre, mais avec cette nuance de respect que les cadets témoignaient toujours, autrefois, à leur aîné. Ce seigneur qui avait servi avec distinction dans la marine française et reçu la croix de Saint-Louis ; qui jouissait du titre de premier procureur du pays de Provence et de syndic de la noblesse, s'était attiré l'inimitié du fameux Mirabeau, en le faisant exclure de l'assemblée des états de cette province où ce grand agitateur voulait se faire admettre comme représentant le marquis

(1) Lettre autographe, *ibidem*.

de Mirabeau, son père (1). Aussi, quand M. de Ruffo de la Fare fit, en 1790, une énergique protestation contre les entreprises de l'Assemblée nationale, il fut sur le point d'être massacré à Aix, avec son fils, dans une émeute excitée par la faction de Mirabeau (2).

Obligé d'émigrer comme presque tous les membres de la noblesse de Provence, l'ancien capitaine de vaisseau fit, avec le comte de Bonneval, son frère, avec son fils et son neveu, la campagne de 1792 contre la République française, dans l'armée des princes, et ne rentra en France que sous la Restauration. S'il possédait toutes les qualités d'un brave et habile marin, toute la distinction d'un gentilhomme de vieille race, le marquis de la Fare avait aussi adopté, malheureusement, les idées philosophiques, qui firent tant de ravages, au XVIIIe siècle, dans les hautes classes de la société française ; en un mot, il avait perdu la foi chrétienne et s'en tenait aux vertus morales et naturelles.

L'ancien évêque de Senez, retiré à Viterbe, se désolait à la pensée de l'état d'indifférence religieuse dans lequel vivait le chef de sa famille, qui était alors plus qu'octogénaire. Aussi, dans toutes ses lettres, cherchait-il à ranimer en lui les pensées de la foi. Il lui écrivait au mois d'août 1719 : « ... Vous me demandés des consolations, mon très cher frère, je ne puis vous en donner d'autres que celles de notre sainte Religion, qui seront plutôt pour vous des terreurs, si vous n'en profités jamais. Vous résistés toujours ; vous n'avés encore fait aucune sérieuse démarche de véritable conversion. Qu'attendés-vous donc

(1) Il faut voir le récit de ce curieux incident dans la *Liste des gentilshommes de Provence*, donnée, en 1860, par le comte de Montgrand (p. XII-XIV). C'est peut-être ce refus aux états de Provence qui poussa, plus tard, le célèbre tribun à épouser les intérêts du Tiers état et bientôt ceux de la démagogie.

(2) Le comte de Bonneval, major général de la marine à Toulon et frère du marquis de la Fare, fut, dans une autre émeute, blessé de deux coups de sabre, le 1er décembre 1790. Voir Montgrand, *Histoire généalogique de la Maison Ruffo*, p. 453.

à votre âge de 84 ans et dans votre état permanent d'infirmité ? La fausseté de notre croyance vous est-elle plus évidente qu'elle l'étoit à Voltaire et à J.-J. Rousseau, que ce doute tourmenta toute leur vie et qui moururent dans le désespoir de ne pouvoir s'en convaincre (1) ?... »

Mais l'excellent prélat ne lui faisait pas toujours la morale. Dans cette même lettre, il lui disait agréablement : « ... Je voudrois que vos lettres fussent meilleures sous le rapport de la santé. Cependant, si je devois en juger par votre écriture, toujours belle, je devrois en bien augurer. Quand vous me dites que vous ne pouvés plus tenir la plume, je suis tenté de rire. Vous la tenés certainement bien mieux que moi. Je suis obligé de faire effort pour être lisible et je mets plus de temps pour écrire une lettre que pour dire mon bréviaire. Il y a des jours où je tremble comme une feuille. La vieillesse est venue plutôt chez moi que chez vous, et, si nous nous battions, je ne serois pas le plus fort... »

En 1820, il y eut à Marseille, qu'habitait le marquis de la Fare, une grande mission. Elle produisit les plus heureux fruits de conversion et de renouvellement religieux. Le pieux évêque ne laissa point échapper cette occasion d'exhorter encore son frère aîné à revenir aux pratiques religieuses de son enfance. « .... J'aurois désiré, lui écrit-il, avant toutes choses, que vous eussiés mieux profité de la Mission de Marseille. Vous m'avés dit qu'elle avoit fait beaucoup de mal, considérée politiquement. Ah ! mon cher frère, laissés-là votre politique, qui ne mène à rien, et pensés à votre religion qui doit décider de votre sort pour l'éternité. Vous tenés donc à la doctrine du néant ; vous verrés donc votre dernier moment d'un œil sec et vous vous précipiterés en aveugle ou en furieux dans l'abyme. Ce tableau me fait horreur. Puissé-je plutôt, pour ne pas en être le témoin ou l'auditeur par relation, ne pas vous survivre, mais aller désarmer la colère divine

(1) Archives de la famille de Ruffo, lettre autographe.

qui vous menace. Vous vous croyés innocent et n'avoir aucun pardon à demander à Dieu. Il n'y a guère qu'un fou ou un impie qui puisse le dire. Encore une fois et peut-être la dernière, vous serés surpris. Ma seule indignation doit vous prouver mon véritable et le plus véritable de tous les attachements, mon très cher frère.... (1) »

Il y revint au mois de juin de la même année. « ... Vous, le premier né de cinq frères, vous nous enterrerez tous; profités du long tems que peut-être Dieu vous donne pour vous convertir à lui. Vous avés laissé échapper la plus belle occasion, qui ne reviendra pas vraisemblement pour vous. Cependant vous aviés besoin plus qu'un autre de cette lessive. Ne vous flattés pas de ne jamais mourir, mon cher ami; on en vient là dans la pratique, si on ne peut pas se le persuader dans la spéculation ... (2) »

Enfin, dans sa lettre du 31 janvier 1821, il lui dit encore, en lui souhaitant la bonne année : « .... Que puis-je vous dire comme évêque et comme votre bon frère, sinon d'avoir recours au plus tôt aux consolations et aux sacrements de notre sainte religion. On doit toujours s'en occuper, mais surtout en maladie. Dieu vous appelle et vous attend depuis longtemps. Ne soyés pas toujours sourd à sa voix. Vous en voyés tous les jours de moins âgés que vous tomber à vos côtés ; profités du plus long tems qui vous est donné pour mettre ordre à votre conscience et vous préparer à paraître devant le souverain Juge. Il est souverainement bon et miséricordieux, mais il est juste aussi, et il veut que nous lui fassions la confession de nos transgressions de sa divine loi, d'abord de tout notre cœur contrit et humilié, et puis de bouche à son ministre qu'il a établi sur la terre pour nous réconcilier avec lui. Présentés-vous donc au sacré tribunal et soyés sûr que si votre douleur est sincère et souveraine, c'est-à-dire au-

(1) Lettre autographe du 16 avril 1820. — Archives de la famille de Ruffo.

(2) Lettre autographe du 15 juin 1820. — Archives de la famille de Ruffo.

dessus de tout autre, vous recevrés le pardon et l'absolution de toutes vos prévarications; pensés enfin à la sainte mort de notre respectable père; je crois pouvoir dire de même de notre tendre mère et à celle de nos chers frères, et mourés, comme eux, dans la paix du Seigneur. A Dieu ne plaise que vous ne croyés pas à mon langage. Je donnerois ma vie pour vous le prouver et vous sauver. Vous l'entendîtes à Londres; car un homme d'honneur et un militaire aguerri ne peut feindre à l'heure de la mort; entendés-le mieux encore dans la bouche du plus tendre des frères qui tient de Dieu même son caractère d'évêque... »

Nous n'avons pu retrouver qu'une lettre du prélat à son second frère, le comte de Bonneval, rentré en France un peu avant la Restauration. Elle nous montre avec quel soin affectueux il se rappelait, dans son exil, au souvenir des siens, au renouvellement de l'année. « Je tiens votre bienheureuse lettre du 22 janvier (1814), mon cher ami; je craignais que votre 1er *janvier*, que j'ai reçu aussi, ne fût le dernier terme de notre correspondance toujours *plus innocente et plus insignifiante* (1); mais recevrés-vous celle-ci, ou pourrés-vous y répondre ? Nos courriers sont toujours plus et plus retardés; ils sont, sans doute, arrêtés par les politesses qu'on leur fait en chemin (2). Si vous êtes occupé de moi, je le suis encore bien plus de vous et de vous tous. On ne peut se dissimuler que les temps sont orageux. Je vous remercie d'avoir pensé à moi le jour que je suis né. Quelle différence d'alors à aujourd'hui. Nous devons envier le sort de Carolin (3). Je le crois parfaitement heureux, quand nous sommes tous dans la *nasse*, et quelle nasse encore ! (4) »

(1) A cause de la police impériale, alors très soupçonneuse.

(2) Dans le *cabinet noir* de l'Administration des Postes, où l'on ouvrait habilement, chaque jour, les lettres qui paraissaient suspectes.

(3) C'était le cinquième frère des MM. de Ruffo-Bonneval, mort très pieusement dans l'adolescence.

(4) Lettre autographe tirée des archives de la famille de Ruffo.

Cette lettre était écrite le 19 février 1814, c'est-à-dire dans les derniers jours de la campagne de France durant laquelle Napoléon Ier luttait presque seul contre l'Europe coalisée. Aussi Mgr de Ruffo-Bonneval partageait-il toutes les angoisses des bons français : « Dieu seul, écrivait-il de Viterbe à son frère, peut nous tirer de ce péril. Je le prie continuellement de détourner les maux qui menacent ma patrie, que je crois cependant exagérés par nos ennemis. Nous sommes ici, depuis le 21, sous la férule du royal beau-frère (1). Il a pris le gouvernement de l'Italie depuis le Pô jusqu'à Naples, sans doute pour la mieux défendre et la conserver à son légitime maître, qui doit être tout occupé à se conserver lui-même. Je ne le crois pas aussi dépourvu qu'on le dit ; la France est immense dans ses ressources. Vous imaginés bien que je ne pense qu'à vous... Miollis (2) est toujours au château Saint-Ange avec sa petite troupe, menaçant de bombarder la ville si on ne lui donne pas de provisions. Pauvre Rome ! L'église de Saint-Pierre est presque sous le canon, et M. le Général n'est pas homme à l'épargner (3). »

Après ses frères, toute l'affection de notre prélat s'était portée sur un petit-neveu, jeune officier de l'armée française, qui donnait les plus belles espérances. Voici en quels termes émus il parle de la mort de ce valeureux militaire à M. Casimir Reynard, son correspondant de Senez : « Votre lettre m'a trouvé dans la plus grande affliction où je suis plongé depuis deux mois. Mon plus cher neveu, âgé de 32 ans, petit-fils unique de mon frère aîné, a péri d'un coup de canon, à la dernière bataille d'Alger. Il étoit l'espérance de notre famille pour un meilleur temps, s'il peut encore venir. Il a été victime de son courage et de sa grande valeur, au dire même de ses compagnons

(1) Murat, roi de Naples.

(2) Le comte Sextius de Miollis, frère cadet du saint évêque de Digne, fut l'un des plus brillants généraux de l'Empire. C'est lui qui fit enlever et conduire en France le pape Pie VII.

(3) Archives de la famille de Ruffo.

d'armes, qui l'ont pleuré. Il avoit été envoyé à cette expédition, commandée par Charles X ; il est donc mort au champ d'honneur. Unique consolation ! Vous m'en donnerés une plus vraie en le mettant dans vos prières pour un meilleur monde que celui qu'il a laissé (1)... »

Pour ses amis, l'ancien évêque de Senez avait une affection qui ne le cédait qu'à celle dont il entourait les membres de sa famille, Nous pourrions en multiplier les exemples, même après ceux que nous avons déjà donnés. Nous nous contenterons de citer ce qu'il écrivit à la nouvelle de la mort de Mgr de Richery, archevêque d'Aix, qui fut son grand vicaire à Senez : « Quelle mort que celle du si bon et si respectable archevêque d'Aix. Je ne puis l'effacer de mon esprit et de ma pensée. Si vous saviés quelque détail sur sa maladie, vous me feriés plaisir de me les écrire. A-t-il éprouvé des chagrins ! Vous pourriés le demander à ses pauvres sœurs et nièces... Tachés de leur exprimer ma douleur, qui ne finira qu'avec moi. J'ai perdu mon plus digne et plus cher ami ! »

Mgr de Miollis, évêque de Digne, qui montra des vertus vraiment apostoliques, lui était demeuré très cher depuis l'époque où il lui donna des lettres de grand vicaire ; aussi ne perdait-il aucune occasion de se rappeler à son souvenir. Le marquis de la Fare devant passer par Digne, l'ancien évêque de Senez lui écrit : « Je vous prie de faire une visite à l'évêque Miollis et de lui dire que je lui con-

(1) Lettre autographe du 23 janvier 1831, conservée à Senez.

Marie-Louis-Sextius, comte de Ruffo de la Fare, capitaine d'infanterie, déjà chevalier de Saint-Louis et de Saint-Ferdinand d'Espagne, fut tué en novembre 1830, au combat du col de Mouzaia. Il était fils d'Hilarion de Ruffo, marquis de la Fare, maréchal de camp, chef d'état-major, directeur du cabinet particulier du ministère de la guerre, et de Bathilde-Pauline de Saint-Phalle. Le marquis de La Fare survécut à son fils et mourut à Aix, le 14 septembre 1850. A sa mort, le titre de marquis de La Fare passa à son cousin germain, Pierre-Joseph-Hippolyte, lequel le transmit, en mourant, à son fils aîné Edmond-Pierre-Vincent-de-Paul. Le fils de ce dernier, Pierre-Marie-Gabriel, est devenu aujourd'hui, par la mort de son père, le chef de toute la maison Ruffo. Voir Montgrand, *Histoire généalogique de la Maison Ruffo*, p. 275.

serve mon souvenir, comme il m'a fait donner une marque du sien par Mme de la Fare, qu'il a vue à Aix (1). » Après la Révolution de 1830, il écrit à M. Casimir Reynard : « Je vous prie de faire savoir et même d'écrire à votre si digne évêque de Digne combien je suis touché et affligé de tout ce qu'il doit souffrir (de cet événement) ; mais pour lui *aut pati, aut mori* (2). » Enfin, le 26 juin 1833, parlant à son fidèle correspondant de plusieurs de ses amis d'autrefois, il ajoute ces paroles significatives dans sa bouche : « *Saint* Miollis m'a répondu tout de suite en me donnant de ses nouvelles et des vôtres (3). » On ne pouvait pas mieux exprimer en un seul mot la vénération universelle dont était alors entouré l'évêque de Digne.

XV

Nous arrivons à l'année 1837 qui vit couronner par une sainte mort une carrière si éprouvée et si pleine de mérites. Malgré les infirmités et le poids de l'âge, Mgr de Ruffo-Bonneval, déjà plus que nonagénaire, conservait tout entière son intelligence, et les années en s'accumulant sur sa tête vénérable ne faisaient que mieux ressortir l'exquise bonté de son cœur. Elle paraissait surtout quand il avait la satisfaction de recevoir quelques Français à Viterbe. Un digne ecclésiastique de Marseille (4), qui le visita peu de mois avant sa mort, nous a souvent

(1) Autographe du 15 juin 1820. Archives de la famille de Ruffo.

(2) Autographe du 28 avril 1831.

(3) Autographe du 26 juin 1833.

(4) M. le chanoine Coulin, directeur du grand Catéchisme de persévérance de Marseille.

raconté l'impression profonde que produisit sur lui-même et sur ses compagnons de voyage l'aspect de ce noble vieillard, de ce véritable confesseur de la foi. De taille moyenne, il portait sur sa figure intelligente un air de bonté et de finesse, qui n'excluait pas la fermeté et qui rappelait le type de notre ancien épiscopat; d'ailleurs la douceur de sa physionomie et la grâce de ses manières gagnaient promptement les cœurs que sa noble attitude aurait pu intimider.

Mgr de Ruffo-Bonneval mourut plutôt de vieillesse que de maladie le lundi de la semaine de la Passion, 13 mars 1837, à 4 heures de l'après-midi. Ses derniers moments furent aussi calmes que sa vie avait été agitée. Il reçut les derniers sacrements avec les vifs sentiments de foi et de piété qui brillaient en lui depuis sa jeunesse. Ses dernières paroles furent celles de l'Apôtre: « Je veux être libre et aller à Jésus-Christ. » La paix et la joie sur le visage, dit un journal du temps (1), il rendit l'âme comme un prédestiné entre les bras de son Dieu. Sa mort fut annoncée à Viterbe par toutes les cloches. Le corps, revêtu des habits pontificaux, fut exposé pendant deux jours à la vénération de la foule, qui le regardait comme un saint. Le mercredi matin il fut transporté, en grande pompe, avec l'assistance de tout le clergé séculier et régulier jusqu'à l'église collégiale de Saint-Sixte, que le prélat défunt avait choisie pour sa sépulture, comme étant sa paroisse où il aimait à exercer ses fonctions et à paraitre au chœur avec les chanoines. Mgr Pianetti, évêque de Viterbe, officia en présence de tout le clergé, des magistrats de la ville, et l'archiprêtre de Saint-Sixte, M. Martelli, prononça l'oraison funèbre. Un grand concours de peuple remplissait l'église et les pauvres surtout pleuraient le vénérable prélat comme leur père (2).

(1) *Gazette du Midi* du 6 avril 1837.

(2) Quelques-uns de ces détails sont pris dans la *France pontificale*, p. 592. On retrouva sur la poitrine du prélat défunt un exemplaire de son mandement du 22 janvier 1793, par lequel il protestait contre la suppression du siège de Senez, faite par l'Assemblée constituante et en partie schismatique.

Toutes les classes de la société de Viterbe se confondirent dans leurs regrets unanimes pour l'illustre défunt. Nous en trouvons un écho dans le *Diario di Roma* du 28 mars : « On nous écrit de Viterbe, à la date du 17 mars : La mort nous a enlevé un homme considéré à juste titre comme le meilleur et le plus cher ami de notre

cité. C'est Mgr Jean-Baptiste-Marie-Scipion Ruffo de Bonneval, ancien évêque de Senez, qui, depuis 29 ans, avait choisi Viterbe pour sa seconde patrie. Sa mort sera pleurée de tous, mais surtout des pauvres dont il était véritablement le père et le bienfaiteur. Pour les secourir, il se dépouillait lui-même et il ne laisse d'autre patrimoine que ses vertus qui nous ont donné tant d'édification... »

Ces sentiments de profonde vénération ne s'affaiblirent pas dans le cœur des bons habitants de Viterbe, car, deux ans après le trépas du pieux évêque, ils voulurent lui élever un beau mausolée pour perpétuer dans leur cité la mémoire de ses vertus : « Ce monument, écrivait le fidèle chanoine Espagnet au comte de Ruffo-Bonneval, est placé dans l'église collégiale de Saint-Sixte, paroisse du prélat défunt. Il consiste en un bas-relief en marbre de Carrare, de la hauteur d'environ douze palmes romaines, appuyés au mur de l'église, à gauche en entrant. On y voit en haut le portrait de Monseigneur, assez ressemblant ; par-dessus se trouve la mitre épiscopale ; au-dessous une figure humaine qui représente la Religion, laquelle tient d'une main une longue croix et de l'autre indique le portrait. Une seconde figure, à côté de la première, représente le génie de la ville de Viterbe qui a érigé le tombeau par souscription ; elle offre au portrait une couronne de laurier. Cette figure, ajoute le chanoine, a la main gauche placée sur son cœur pour signifier les vifs sentiments de ceux qui ont érigé le mausolée, et un pied placé sur un petit globe qui porte les armes de la cité. Les deux figures sont élégamment drapées et en partie dorées (1). »

Au-dessus du piédestal de ce monument, qui rappelle un peu le style payen de l'époque et la manière de Canova, se lit l'inscription suivante :

XP. CINERIBUS ET MEMORIÆ XP.
JOAN. -BAPT . SCIPIONIS . MARIÆ . RUFFO . DE . BONNEVAL.
QUI . SENECENSI . PONTIFICATU . INJURIA . TEMPORUM . DEPULSUS
INVICTA . CONSTANTIA.
INFORTUNII . GRAVITATEM . SUPERAVIT . ET . HUMILE . VITERBII DOMICILIUM.
XXXIV . AN.
NON . INDIGNATUS . OMNIUM . ORDINUM . AMOREM . BENEFACTIS . PROMERUIT.
VIX . AN . LXXXX . M . I . D . XX . DECESS . III . ID. MART . AN. MDCCCXXXVII.
CIVITAS . UNIVERSA . POS . AN . M DCCCXXXIX (2).

(1) Montgrand, *Histoire généalogique de la Maison Ruffo*, p. 454.
(2) *Ibidem*, p. 455.

En terminant cette biographie, nous ne pouvons oublier le chanoine Antoine Espagnet, qui suivit fidèlement son évêque dans les chemins de la persécution et de l'exil, comme autrefois le diacre saint Laurent suivit son Pontife saint Sixte dans la voie du martyre ; et nous emprunterons pour le louer le langage même du panégyriste de Mgr de Ruffo-Bonneval (1) : « Jeune encore ce digne prêtre

(1) M. Allemand, curé de Senez, prononça cet éloge funèbre, après le service célébré pour le pieux évêque, le 19 avril 1837.

s'attacha à notre évêque en qualité de secrétaire, c'est-à-dire par un service qui pouvait lui ouvrir la voie aux honneurs. Cette belle perspective fit place à une autre, qui ne montrait que le dépouillement, la proscription, les cachots et la mort. Cependant il demeura attaché à son évêque, le suivit dans la terre étrangère et devint le compagnon inséparable de ses peines, de ses privations, de ses ennuis. Antoine Espagnet adoucit l'amertume de son exil par tous les soins obligeants qui pouvaient dépendre de lui. Il le consola de la privation de ses enfants spirituels dont il se voyait séparé pour toujours, en se montrant lui-même le fils le plus tendre et le plus affectueux ; pendant plus de quarante ans, il a représenté tout le diocèse auprès de notre bon évêque ; il l'a assisté de sa personne et de ses biens jusqu'au delà de la vie ; il lui a fermé les yeux... O excellent et très digne prêtre, vous méritez de nous servir de modèle ! Vous avez fait seul pour notre commun père ce que nous devions tous faire avec vous(1). »

Cet éloge, si mérité, du fidèle secrétaire de Mgr de Ruffo-Bonneval, achève celui du prélat qui sut inspirer un tel dévouement. On ne peut rien y ajouter. Pour nous, nous serons heureux si, dans les temps troublés où nous vivons, l'exemple des vertus du vénérable évêque de Senez et surtout de son invincible constance dans la persécution religieuse, nous apprend à braver courageusement toutes les attaques des ennemis de l'Eglise catholique et à nous montrer comme lui, s'il était nécessaire, de généreux confesseurs de la foi.

(1) *Eloge funèbre* par M. Allemand, curé de Senez, p. 29. Broch. de 29 p. in-8°, Digne, imp. Vve A. Guichard.

SOURCES PRINCIPALES

Gallia Christiana, T. 1.

La France pontificale

Histoire du département des Basses-Alpes, par l'abbé Féraud.

Biographie des hommes remarquables des Basses-Alpes.

Voyage dans le midi de la France, par Millin.

Histoire généalogique de la maison Ruffo, par le comte Godefroy de Montgrand.

Archives paroissiales de Senez.

Archives du Marquis Gabriel de Ruffo-Bonneval.

Journaux de l'époque, etc., etc.

Achevé d'imprimer

LE XVe D'OCTOBRE MDCCCLXXXV

Jour de Sainte Thérèse

www.ingramcontent.com/pod-product-compliance
Ingram Content Group UK Ltd.
Pitfield, Milton Keynes, MK11 3LW, UK
UKHW021158220726
13924UKWH00003B/1196